DICTIONARY OF 1000 DUTCH PROVERBS

DICTIONARY OF 1000 DUTCH PROVERBS

Edited by Gerd de Ley

HIPPOCRENE BOOKS
New York

The author wishes to thank David Potter for the assistance in translating and some useful tips.

For information, address:
HIPPOCRENE BOOKS, INC.
171 Madison Avenue
New York, NY 10016

Library of Congress Cataloging-in Publication Data
Dictionary of 1000 Dutch proverbs / edited by Gerd de Ley.
          p.   cm.
    Includes bibliographical references and index.
    ISBN 0-7818-0616-X
    1. Proverbs, Dutch. I. Ley, Gerd de, 1944-
PN6431.D53   1998
398.9'3931—dc21   98-12002
                                      CIP

Printed in the United States of America

To Amanda for the support

Introduction

Reading through this selection of Dutch proverbs, it may just occur to you that a particular proverb seems to be "unoriginal". Please don't jump to a hasty conclusion. As masters of the sea, the Dutch travelled the whole world with their trading— enriching their knowledge and language as they went along. They also had a great deal of influence on the English court and their language.

Their travels led them to some interesting places too—was it not Peter Stuyvesant who founded New York (New Amsterdam)?

We can conclude with a high degree of certainty that many well-known proverbs were indeed originally Dutch and have been absorbed gradually into the English language wherever it is spoken. It may be difficult to believe, but it's a fact.

— *Gerd de Ley*

Spreekwoorden zijn de dochter van de dagelijkse ervaring.

Proverbs are the daughters of daily experience.

A

Aanhouder   1   De aanhouder wint.
He who persists wins.
He that can stay, obtains.

Aap   2   Een aap, een pastoor en een luis
Drie duivels in één huis.
An ape, a priest, and a louse, are three devils
in one house.

   3   Als apen hoog klimmen willen
zie je eerst hun naakte billen.
When apes climb high, they show their naked
rumps.
*The higher the ape goes, the more he shows
his tail.*

   4   De aap gooit de kastanjes in het vuur en laat
ze er de kat met de poten weer uithalen.
The monkey puts the chestnuts into the fire
and lets the cat take them out with its paws.

Aars   5   Hij is met zijn aars in de boter gevallen.
He fell on his arse in the butter.

   6   Hij is te lui om zijn eigen aars te beschijten.
He is too lazy to shit on his own arse.

   7   Je moet niet hoger kakken dan je eigen gat.
You don't have to shit higher than your own
arse.

Achternalopen 8 Wie een ander achternaloopt, zit zelf ook niet
stil.
He that chases another does not sit still
himself.

Adel 9 Adel van de ziel is eervoller dan adel door
geboorte.
Nobility of soul is more honorable than
nobility of birth.

10 Een boer die tot de edelstand verheven wordt
kent zijn eigen vader niet meer.
An enobled peasant does not know his own father.

11 Adel moet bij adel en stront bij zijn broer
wezen.
Nobles must be with nobles and shit with shit.

Adelaar 12 Adelaars vangen geen vliegen.
Eagles catch no fleas.

Adem 13 Zolang er adem is, is er hoop.
While there is breath, there is hope.

Advies 14 Neem advies voor het fout gaat, anders wordt
het nog erger.
Take counsel before it goes ill, lest it go
worse.

Advocaat 15 Hoe beter advocaat, hoe slechter christen.
The better the lawyer, the worse the Christian.

Afgunst 16 Waar eer voorbijkomt, weent afgunst van
spijt.
Envy cries of spite where honor rides.

Afwezig 17 De afwezigen hebben altijd ongelijk.
The absent always bear the blame.

Alles 18 Alles heeft een doel.
Everything has a wherefore.
*A place for everything, and everything in its
place.*

	19	Je kan alles op twee manieren doen.
		Everything has two handles.
Ambachtsman	20	Een ambachtsman op zijn voeten is groter dan een edelman op zijn knieën.
		An artisan on his feet is bigger than a nobleman on his knees.
Anker	21	Beter het anker verliezen dan het hele schip.
		Better lose the anchor than the whole ship.
Antwoord	22	Vriendelijke antwoorden verdrijven de gramschap.
		A soft answer turns away wrath.
Appel	23	Mooie appels smaken vaak zuur.
		Handsome apples are sometimes sour.
	24	De appel valt niet ver van de boom.
		The apple never falls far from the tree.
	25	Wie met appels smijt wordt met klokhuizen betaald.
		He who throws apples is paid back with cores.
	26	Pluk geen appels vóór ze rijp zijn.
		Do not pick the apples before they are ripe.
	27	Het appeltje smaakt naar de boom.
		The apple tastes like the tree.
Arbeid	28	Arbeid verwarmt, luiheid verarmt.
		Labor warms, sloth harms.
		Idleness is the key of beggary.
	29	De beloning verzoet de arbeid.
		Reward sweetens labor.
Arm(oede)	30	Beter arm te lande dan rijk op zee.
		Better poor on land than rich at sea.
	31	Armoede is de beloning voor luiheid.
		Poverty is the reward of idleness.

32   De arme komt veel te kort, een vrek alles.
      Poverty wants many things and avarice all.

33   Hoe meer de arme drommel heeft, hoe meer
      hij hebben wil.
      The more the poor fellow has, the more he
      wants.

B

Baas	34	Er is altijd baas boven baas. There is always a boss above the boss.
Bakker	35	Honderd bakkers, honderd molenaars en honderd kleermakers maken samen driehonderd dieven. A hundred bakers, a hundred millers, and a hundred tailors make three hundred thieves.
	36	Beter een bakker te paard dan een dokter. It's better that the bakers are on horseback than the doctors.
Banaal	37	Van banale dingen komen vaak grote twisten. From trivial things great contests oft arise.
Bedelaar	38	't Is den enen bedelaar leed dat de ander voor de deur staat. It is a grief to one beggar that another stands at the door.
	39	De hand van een bedelaar is een bodemloze mand. A beggar's hand is a bottomless basket.
Bedelen	40	Beter bedelen dan stelen. Better beg than steal.
Bediende	41	Hoe meer bedienden, hoe slechter dienst. The more servants, the worse service.

	42	Wie vele bedienden heeft, die heeft vele dieven. Who has many servants has many thieves.
	43	Een bediende moet met ezelsoren luisteren. A servant has to listen with the ears of a donkey.
Bedreiging	44	Van bedreigingen ga je niet dood. Men don't die of threats.
	45	Niet alle dreigers vechten. Not all threateners fight.
Been	46	Beter een gebroken been dan een gebroken nek. Better a broken leg than a broken neck.
	47	Beter een kwaad been als geen. Better a bad leg than no leg at all.
Beer	48	Verkoop de huid van de beer niet vooraleer je hem geschoten hebt. Don't sell the bearskin before the bear is dead. *Never spend your money before you have it.* *Do not halloo till you are out of the wood.*
Begin	49	Goed begonnen, half gewonnen. From small beginnings come great things. *Well begun is half done.* *The first blow is half the battle.*
	50	Zo begonnen, zo gedaan. So begun, so done.
	51	Bezin vooraleer je begint. Counsel before action.
Behoeftig	52	Behoeftigen zijn niet gediend met verlegenheid. Bashfulness does nothing for the needy.

Beleefd	53	Hij is zo beleefd als het achterste van een varken. He is as polite as a pig's backside.
Belofte	54	Beloven is één en woord houden is twee. To promise is one thing and to keep it is another.
	55	Beloven zonder geven is de dwazen troosten. To promise without giving is to comfort the fools.
	56	In het land van belofte sterft men van armoede. In the land of promise a man may die of poverty.
	57	Beloften maken schulden en schulden maken beloften. Promises make debts, and debts make promises.
	58	Geen grotere belovers dan zij die niets te geven hebben. No greater promisers than they who have nothing to give.
Berg	59	Achter iedere berg ligt een vallei. Behind every mountain lies a vale.
	60	Hoe hoger de berg hoe dieper het dal, hoe hoger de boom hoe harder de val. The higher the mountain the lower the vale, the taller the tree the harder the fall.
Berouw	61	Vlug gedaan, lang berouwd. What's quickly done is long repented.
Beurs	62	Zware beurzen en lichte harten kunnen veel verdragen. Heavy purses and light hearts can sustain much. *A heavy purse makes a light heart.*

Bevel	63	Waar velen bevelen wordt weinig gedaan. Little is done where many command.
Bier	64	Het bier is voor de ganzen niet gebrouwd. Beer is not brewed for the geese.
	65	Goed bier is beter dan slechte wijn. Good beer is better than bad wine.
	66	Niets zo duur als het eerste pintje. Nothing's so expensive as the first pint of beer.
	67	Jong bier moet gisten. Young beer must ferment. *Young colts will canter.*
Bil	68	Wie zijn billen verbrandt moet op de blaren zitten. He who burns his backside must sit on the blisters. *As they brew, so let them bake.*
Blad	69	Wie bang is van de bladeren moet het bos niet ingaan. He who is afraid of the leaves must not go into the wood.
Blaffen	70	Blaffers zijn geen bijters. Not everything that barks, bites.
Blazen	71	Het is beter te blazen dan je mond te verbranden. It is better to blow than burn your mouth.
	72	Het is moeilijk blazen met een volle mond. It is hard to blow with a full mouth.
Blind(e)	73	Tot weerziens, zei de blinde. See you later, said the blind man.

	74	Een blind man is een arm man, maar een man die zijn vrouw niet bedwingen kan, is een nog veel armer man. A blind man is a poor man, but a man who cannot control his wife, is even poorer.
Bloesem	75	Bloesems zijn nog geen vruchten. Blossoms are not fruits.
Boek	76	Een kamer met boeken is redelijk gezelschap. A room full of books makes sensible company.
Boer	77	De boer zit op een cent als de duivel op een ziel. The peasant sits on a penny like the devil on a soul.
Bok	78	Oude bokken hebben harde horens. Old billy goats have tough horns. *Old oxen have stiff horns.*
Boog	79	Overspan de boog niet, want dan barst hij. Strain not your bow beyond its bent, lest it break.
	80	De boog kan niet altijd gespannen zijn. The bow must not be always bent.
	81	Het is goed twee pijlen op zijn boog te hebben. It is good to have two arrows on one's bow.
Boom	82	Hoge bomen vangen veel wind. Tall trees catch much wind. *A great tree attracts the wind.*
	83	Goede bomen, goede vruchten. Good tree, good fruit.
	84	Weinig hout, veel vruchten. Little wood, much fruit.

85 Hoe edeler de boom, hoe buigzamer de twijg.
The nobler the tree, the more pliant the twig.

86 Als de boom valt komt iedereen takken afsnijden.
When the tree falls everyone runs to cut boughs.
When the tree is fallen, everyone runs to it with his hatchet.

87 Bomen die vaak verplant worden, gedijen zelden.
Trees often transplanted seldom prosper.
Remove an old tree and it will wither to death.

88 Jonge twijgen buigen, maar oude bomen niet.
Young twigs may be bent, but not old trees.

Boot 89 De eerste in de boot mag de riemen kiezen.
The first in the boat has the choice of oars.

Bos 90 Bossen hebben oren en velden hebben ogen.
Woods have ears and fields have eyes.

Boter 91 Als de boter te duur wordt, moet je leren droog brood te eten.
When butter gets expensive, you learn to eat your bread dry.

92 Ga niet in de zon staan als je boter op je hoofd hebt.
Don't stand in the sun if you've got butter on your head.
Be not a baker if your head be of butter.

Braam 93 Die de bramen vreest, moet uit het bos blijven.
If you are afraid of the blackberry bushes then stay out of the woods.

Brand 94 Waar brand is, zijn dieven omtrent.
Where there is a fire, there are thieves around.

Bron   95   Het is een slechte bron waarin je zelf water
                    moet doen.
                    It is a bad well into which one must put
                    water.

Bruid   96   Alles is goed, want als de bruid geen mooi
                    haar heeft, heeft ze een mooie huid.
                    All is well, for if the bride has not fair hair,
                    she has a fair skin.

              97   Hij die geluk heeft leidt de bruid naar de kerk.
                    He that has the luck leads the bride to church.

              98   Een trieste bruid wordt een gelukkige vrouw.
                    A sad bride makes a glad wife.

              99   Ieder denkt dat zijn bruid de mooiste is.
                    Every man thinks his bride is the prettiest.

Brutaal 100   De brutalen hebben de halve wereld.
                    The brutes own half the world.

Buik   101   Als het buikje vol is, is het hart blij.
                    When the stomach is full the heart is glad.

Buiten   102   Wie buiten is heeft al een flink deel van de
                    reis achter hem.
                    He who is outside the door has already a
                    good part of his journey hind him.

Buur   103   Wie goede buren heeft kan gerust gaan
                    slapen.
                    He who has good neighbors can sleep at
                    ease.

             104   Beter een goede gebuur dan een verre vriend.
                    Better a good neighbor than a distant friend.
                    A good neighbor, a good morrow.

             105   Hij moet geen goede buren hebben, want hij
                    prijst zichzelf.
                    He has no good neighbours, because he
                    praises himself.

C

Cent   **106**   Een gespaarde cent is beter dan een gewonnen gulden.
A penny saved is better than a florin gained.

               107   Eén cent in de pot maakt meer lawaai wanneer hij vol is.
One penny in the pot makes more noise than when it is full.

Clown   **108**   Bied een clown je vinger aan en hij neemt je hele hand.
Offer a clown your finger, and he'll take your fist.
Give knaves an inch and they will take a yard.

D

Dag	109	Niet iedere dag is een feestdag. Every day is not a holiday.
	110	Wie moe is van gelukkige dagen, moet maar een vrouw nemen. Who is tired of happy days, let him take a wife.
	111	De langste dag heeft ook een avond. Even the longest of days ends in an evening.
Dame	112	Je maakt makkelijker een dame van een boerenmeid dan een boerenmeid van een dame. It is easier to make a lady of a peasant girl than a peasant girl of a lady.
Dans(en)	113	Wie als eerste danst mag de doedelzakspeler betalen. He who dances first pays the piper.
	114	Het is goed dansen op andermans vloer. It's good dancing on another man's floor.
Dertien	115	Dertien man aan tafel is binnen't jaar één dood. Thirteen at one table, one dead within the year.
Deugd	116	Deugd is de beste kok. Virtue is the best cook.

117 Deugd bestaat uit actie.
Virtue consists in action.

Deur 118 Veeg voor je eigen deur vooraleer je naar die van je buren kijkt.
Sweep before your own door before you look at your neighbor's.

119 Als iedereen voor eigen deur veegt is de hele straat schoon.
If everyone sweeps before his own house, the whole street would be clean.
If each would sweep before his own door, we should have a clean city.

120 Velen openen een deur om een raam te sluiten.
Many open a door to shut a window.

121 De open deur nodigt de dief uit.
The open door invites the thief.

Dief 122 De grote dieven hangen de kleine.
The great thieves hang the little ones.
Set a thief to catch a thief.

123 Elk is een dief in zijn nering.
Everyone is a thief in his own craft.
Every miller draws water to his own mill.

124 Kleine dieven hebben ijzeren kettingen, grote hebben gouden.
Little thieves have iron chains, and great thieves gold ones.

125 Er zijn meer dieven dan er gehangen worden.
There are more thieves than are hanged.

126 We hangen de kleine dieven en laten de grote lopen.
We hang little thieves and let great ones escape.

127   Alle begin is zwaar, zei de dief, en voor de
      eerste keer stal hij een aambeeld.
      Every beginner has problems, said the thief,
      and his first theft was an anvil.

128   Mijn grootvader was een duitendief, maar eer-
      lijk.
      My grandfather was a moneygrabber, but he
      was honest.

Dienst   129   De ene dienst is de andere waard.
                 One good deed deserves another.

Dijk   130   Waar de dijk het laagst is vloeit het eerste
                 water over.
                 Where the dike is lowest the water first runs
                 out.
                 A low hedge is easily leapt over.

Dochter   131   Verstandige dochters, breekbare vrouwen.
                 A brilliant daughter makes a brittle wife.

           132   Dochters mogen gezien, niét gehoord worden.
                 Daughters may be seen but not heard.

           133   Een huis vol dochters is een kelder vol zuur
                 bier.
                 A house full of daughters is like a cellar full
                 of sour beer.

Doel   134   Wie altijd zijn doel raakt moet wel goed
                 schieten.
                 He must shoot well who always hits the mark.

Dokter   135   Als de dokter komt, is de zieke beter.
                 When the doctor arrives, the patient feels
                 better.

Dom   136   Het domste hoofd krijgt het beste kussen.
                 The most stupid head gets the softest pillow.
                 Fortune favors fools.

Dood	137	Het is lang wachten op een ander's dood.
		He waits long that waits for another man's death.
	138	De dood neemt geen presentje aan.
		Death does not accept presents.
	139	De dood is het eind van alles.
		The end of all things is death.
		Death is the great leveler.
Doornen	140	Doornen brengen geen rozen voort.
		Thorns do not breed roses.
Dorst	141	Wie geen dorst heeft heeft niets vandoen bij de bron.
		He who has no thirst has no business at the fountain.
Draad	142	Eén draad per dag maakt een streng op een jaar.
		Every day a thread makes a skein in the year.
	143	De draad breekt waar hij het zwakst is.
		The thread breaks at its weakest point.
		A chain is no stronger than its weakest link.
Drank	144	Goede drank verdrijft slechte gedachten.
		Good drink drives out bad thoughts.
	145	Schenk de fles maar uit, zei schele Govert, en ze was leeg.
		Pour me a drink, said the cross-eyed Govert, and the bottle was empty.
Dreiger	146	Een bedreigd man leeft zeven jaar.
		A person under threat lives seven years more.
Drek	147	De drek is geen heilige, maar waar hij valt, daar doet hij wonderen.
		Shit is not a saint, but wherever it falls, it works miracles.
Dronkaard	148	De dronkaard zegt wat de nuchtere denkt.
		What the sober man thinks, the drunkard tells.

	149	Wat je dronken zegt heb je voordien bedacht. What is said when drunk has been thought out beforehand.
Druk	150	Hij heeft het zo druk als de kippen voor Pasen. He's got it as busy as the hens before Easter.
Druppel	151	Vele druppels maken een plas. Many drops make a puddle.
Duif	152	Gebraden duifjes vliegen je niet in je mond. Roasted pigeons will not fly into one's mouth.
	153	Gebraden duifjes vliegen niet in de lucht. Roasted pigeons don't fly through the air.
Duim **(in the sense** **of measurement)**	154	Een duim tekort is even erg als een el. An inch too short is as bad as an ell.
	155	Geef hem een duim en hij neemt een ganse el. Give him an inch and he'll take an ell.
Duisternis	156	Duisternis en nachten zijn de moeders van gedachten. Darkness and night are mothers of thought.
Duivel	157	De duivel is Gods aap. The devil is God's monkey.
	158	Die de duivel gelooft, heeft zijn meester gevonden. He who believes the devil, has found his master.
	159	Wie met de duivel gescheept is, moet met hem over. He that is embarked with the devil must sail with him.

160 Als je van de duivel spreekt hoor je zijn been-
deren rammelen.
Talk of the devil and you hear his bones rattle.
Talk of the devil and he is sure to appear.

161 De duivel zit achter het kruis.
The devil sits behind the cross.

162 Als de duivel naar de kerk gaat, gaat hij op
het altaar zitten.
When the devil goes to church he seats himself on the altar.

163 De duivel heeft zijn martelaren onder de mensen.
The devil has his martyrs among men.

164 Een gebruiker, een molenaar, een bankier en
een herbergier zijn de vier evangelisten van
Lucifer.
A usurer, a miller, a banker, and a publican
are the four evangelists of Lucifer.

165 De duivel schijt altijd op de grootste hoop.
The devil always shits on the biggest heap.
He that has plenty of goods shall have more.

E

Eendracht	166	Eendracht maakt macht. Union is strength. *United we stand, divided we fall.*
Eer	167	Beter eervol arm dan rijk in schaamte. Better poor with honor than rich with shame.
	168	Verloren eer komt nooit weer. Honor once lost never returns.
	169	Van je eer kan je niet leven. From honors, one cannot live.
	170	Na eer en staat volgt afgunst en haat. After honor and state follow envy and hate.
	171	Eer is beter dan eerbewijzen. Honor is better than honors.
Eerlijkheid	172	Eerlijk duurt het langst, zei Annebet, en ze bedroog ze allemaal. Honesty lasts longest, said Annebet, and she cheated everybody.
Ei	173	Kwaad ei, kwaad kuiken. Bad egg, bad chicken.
	174	Beter een half ei dan een hele lege dop. Better half an egg than an empty shell. *Better a lean jade than an empty halter.*

175 Als je eieren wil moet je het kakelen erbij nemen.
To get eggs there must be some cackling.
He that would have eggs must endure the cackling of hens.

176 Kakelen kan iedereen, maar niet eieren leggen.
You cackle often, but do not lay an egg.

177 Leg niet al je eieren in één mand.
Put not all your eggs into one basket.

178 Ongelegde eieren zijn onzekere kippen.
Unlaid eggs are uncertain chickens.

179 Uit gebakken eieren komen geen kuikens.
You can't hatch chickens from fried eggs.
Believe not all you see, nor half of what you hear.

180 Een huis vol kinderen is een korf vol eieren.
A house full of children is a basket full of eggs.

Eigenliefde 181 Eigenliefde is blind.
Self-love is blind.

Engel 182 Als een engel duivel wordt, is hij de booste van allen.
The angel that becomes a devil is the worst of all.
Nothing turns sourer than milk.

Ervaring 183 Ervaring is de beste leermeester.
Experience is the best teacher.
Experience is the mother of wisdom.

Eten 184 Verandering van spijzen doet eten.
A change of diet makes you eat better.

185 Zij eten met lepeltjes en schijten met schepeltjes.
They eat with spoons and shit with shovels.

Ezel   186   Wie als ezel geboren is moet als ezel sterven.
He who is born an ass must die an ass.

187   Een ezel stoot zich geen tweemaal tegen dez-
elfde steen.
An ass does not hit himself twice against the
same stone.

188   Als de ezel te gelukkig is begint hij te dansen
op het ijs.
When the ass is too happy he begins dancing
on the ice.

189   Ezels dragen de haver en de paarden eten hem
op.
Asses carry the oats and horses eat them.
Desert and reward seldom keep company.

190   Beter gedragen door een ezel dan op de grond
gesmeten door een paard.
Better be carried by an ass than thrown by a
horse.

191   Een ezel kan je niet dwingen te drinken.
There's no making a donkey drink against his
will.

192   Ik ben een zoon van's konings lijfpaard, zei
de muilezel, maar hij vergat te zeggen, dat
zijn moeder een ezelin was.
I am a son of the king's horse, said the mule,
forgetting to mention that its mother was a
donkey.

193   Een ezel blijft een ezel, al doet hij ook drie-
maal de reis om de wereld.
A donkey is still a donkey, even if it travels
three times around the world.

F

Feest	195	Genoeg is even zo goed als een feest. Enough is as good as a feast. *More than enough is too much.* *Safety lies in the middle course.*
Fortuin	196	Het rad van fortuin draait sneller dan een weerhaan. The wheel of fortune turns faster than a weathercock.
Fout	197	Wie lijdt door eigen fout, moet dit geduldig verdragen. Bear patiently that which you suffer by your own fault.

G

Gaan	198	Laat maar gaan, alles komt wel terecht. Let it roll, it will right itself.
Gal	199	Een weinig gal maakt veel honing bitter. A little bitterness can taint a lot of honey.
	200	Wie gal in de mond heeft, kan geen honing spuwen. He who has venom in his mouth, cannot spit honey.
Galg	201	De galg mag geen rijke man dragen. The gallows will not hang a rich man.
	202	Het is niet raadzaam van de galg te spreken waar de waard een dief is. It is not advisable to talk about the gallows where the bartender is a thief. *Don't mention rope where a man has hanged himself.*
Gans	203	Ganzen worden geplukt zolang ze veren hebben. Geese are plucked as long as they have feathers.
	204	De gans sist, maar ze bijt niet. The goose hisses, but does not bite.

Gast	205	Een dagelijkse gast is een grote dief in de keuken. A daily guest is a great thief in the kitchen.
	206	Een gast, net zoals een vis, begint de derde dag te stinken. A guest, like a fish, begins to stink on the third day. *A constant guest is never welcome.*
Gastheer	207	Een vrolijke gastheer maakt vrolijke gasten. A merry host makes merry guests.
	208	Het is moeilijk stelen als de gastheer een dief is. It is hard to steal where the host is a thief.
Gat	209	Wie zijn gat uitleent, moet zelf door de ribben schijten. He who lends his arse, must shit out of his ribs.
Gebrek	210	Het grootste gebrek heeft hij die denkt dat hij er geen heeft. He has the greatest blind side who thinks he has none.
Geduld	211	Een handvol geduld is meer waard dan een zak vol hersenen. An handful of patience is worth more than a bushel of brains.
	212	Geduld is meer waard dan studie. Patience surpasses learning.
Geheim	213	Gedeeld geheim, verloren geheim. Secret shared, secret lost.
	214	Niets zo geheim of het zweet. There is nothing so secret but it transpires.
Gek	215	Niet alle gekken zitten in het dolhuis. Not all fools are in the madhouse.

216   Elke gek ruikt graag zijn eigen drek.
      Every fool likes the smell of his stool.
      Every fool likes his own bauble best.

217   Het is een slimme hand die het hoofd van een
      gek kan scheren.
      It needs a cunning hand to shave a fool's head.

218   Als de gekken naar de markt gaan, verdienen
      de venters goed geld.
      When fools go to market, peddlers make
      money.
      *If fools went not to market, bad wares would
      not be sold.*

219   Iedere gek zijn cap.
      To every fool his cap.

220   Als gekken zouden zwijgen, zouden ze voor
      wijs kunnen versleten worden.
      Were fools silent, they would pass for wise.

221   Op iedere feest is er wel een gek.
      There is a fool at every feast.

222   Gekken zeggen soms wijze dingen.
      A fool may say a wise thing.

223   In de hele wereld zijn alle gekken vrij.
      Fools are free all the world over.

224   Mochten gekken geen brood eten, dan zou het
      koren goedkoop zijn.
      If fools ate no bread, corn would be cheap.

225   Wie met gek wedt om zijn bed behoudt de
      gek en verliest het bed.
      Who weds a sot to get his cot, will lose the
      cot and keep the sot.

226   Een dwaze verstaat, als't is te late.
      A fool will understand, but always too late.

Geld   227   Geld geraakt nimmer uit de mode.
Money is never old-fashioned.

228   Hij draagt het geld in zijn zak, maar er is een gat in.
He carries his money in his pocket, but there is a hole in it.

229   Geld is rond en gemaakt om te rollen.
Money is round and made to roll.

230   Het beste geloof is gereed geld.
Ready money is the best of religions.

231   Voor geld wijkt alles.
Everything gives in to money.

232   Zaai geen geld op zee: het mocht zinken.
Sow not money on the sea lest it sink.

233   Proper geld kan veel vuile dingen bedekken.
Fair money can cover much that's foul.

234   Een man zonder geld is als een schip zonder zeilen.
A man without money is like a ship without sails.

235   Geldenloos, vriendenloos.
No money, no friends.

236   Alles is mogelijk, maar het regent geen geld.
Everything is possible, but it will never rain money.

237   Met geld in de zak is men overal thuis.
With money in your pocket home is everywhere.
Rich folk have many friends.

238   Met geld koop je kersen.
With money one buys cherries.

Gelegenheid 239 De gelegenheid maakt het verlangen.
Opportunity makes desire.
Opportunity makes the thief.

Geluk 240 Geluk is rond: het maakt de ene koning, de ander stront.
Good luck is "it": it makes the one king and the other shit.

241 Glas en geluk breken vlug.
Fortune and glass break soon.

242 Geluk verloren, niets kwijt; moed verloren, veel kwijt; eer verloren, nog meer kwijt; ziel verloren, alles kwijt.
Fortune lost, nothing lost; courage lost, much lost; honor lost, more lost; soul lost, all lost.

243 Het geluk staat niet aan je deur te wachten.
Fortune does not stand waiting at anyone's door.

244 Geluk is rond; het maakt van de ene een koning, van de andere een mesthoop.
Fortune is round; it makes one a king, another a dunghill.

245 Een ons geluk is meer dan een pond wijsheid.
One ounce of good fortune is worth more than a pound of wisdom.
Better be happy than wise.

Gemak 246 Geen groter gemak dan eigen dak.
No greater comfort than under your own roof.

Genoeg 247 Genoeg is beter dan te veel.
Enough is better than too much.

Genoegen 248 Genoegen overtreft rijkdom.
Pleasure beats richness.

Getuige	249	Beter een ooggetuige dan tien getuigen van horenzeggen. Better one eyewitness than ten hearsay witnesses.
Geven	250	Wie mij geeft, leert mij geven. Who gives to me, teaches me to give.
	251	Wie geeft aan de armen, leent aan de Heer. He who giveth to the poor lendeth to the Lord. *Give and spend, and God will send.*
Geweten	252	Een goed geweten is het zachtste kussen. A clean conscience is the softest pillow.
Gewoonte	253	Eénmaal is nog geen gewoonte. Once is no custom.
Gezelschap	254	Zeg me in welk gezelschap je vertoeft en ik zal je zeggen wie je bent. Tell me the company you keep, and I'll tell you who you are.
	255	Goed gezelschap, korte afstanden. Good company makes short miles. *Good company on the road is the shortest cut.*
Gezicht	256	Pas op voor mensen met twee gezichten. Beware of the people with two faces.
Gezond	257	Die gezond is, weet niet hoe rijk hij is. He who is healthy does not know how rich he is.
Gierig(aard)	258	Een gierigaard is heeft altijd nood. A miser is always in need. *The miser is always poor.*
	259	De gierigaard is met een beurs om zijn hals geboren. The miser is born with a purse around his neck.

260 Het geld van de gierigaard neemt de plaats in van de wijsheid.
A miser's money takes the place of wisdom.

God 261 Doe je best, God doet de rest.
Do your best, God does the rest.

262 Waar vrede is, daar is God.
God is where peace is.

263 Alles heeft een einde behalve God.
Everything has an end excepting God.

264 Ieder voor zich en God voor ons allen.
Every man for himself, and God for us all.

265 Wie niet in God gelooft, gelooft ook niet in de mensen.
Who doesn't keep faith with God won't keep it with men.

266 Als God een man wil straffen, zal een muis hem dood kunnen bijten.
When it is God's will to plague a man, a mouse can bite him to death.

267 God geneest, maar de dokter krijgt het geld.
God heals, but the doctor gets the money.

268 God betaalt niet wekelijks, hij betaalt op het einde.
God does not pay weekly, but pays at the end.

269 God spijst de vogels, maar ze moeten erom vliegen.
God gives birds their food, but they must fly for it.
God gives the milk but not the pail.

270 God helpt de sterksten.
God helps the strongest.

271   Wie God liefheeft, wordt door Hem gestraft.
Whoever God loves, He punishes.

272   God verkoopt kennis voor werk, eer voor gevaar.
God sells knowledge for labor, honor for risk.

273   Help jezelf en God zal je helpen.
Help yourself and God will help you.
God helps those who help themselves.

274   Een God, een vrouw, maar vele vrienden.
One God, one wife, but many friends.

Goed   275   Goed is goed, maar beter is beter.
Good is good, but better is better.

276   Goede dingen hebben tijd nodig.
Good things require time.

277   Waar geen goed in zit, komt er ook geen goed uit.
Where there's no good within, no good comes out.

278   We worden goed met de goeden.
With the good we become good.

279   De mens kan alles verdragen behalve goede dagen.
Men can bear all things except good days.

280   Weldoen kweekt vijanden.
A good deed will enemies breed.

281   Gaat het mij goed, ik wijt het mijn lijf, gaat het mij kwalijk, ik wijt het mijn wijf.
When it is going well, it is thanks to my way of life; when it's going bad, it is thanks to my wife.

Goedkoop   282   De beste dingen zijn het goedkoopst.
The best goods are the cheapest.
Best is cheapest.

Gracht	283	Die al te ver wil springen, ploft midden in de gracht. He who wants to jump too far, lands in the middle of the pool.
	284	Men kan over geen twee sloten tegelijk springen. You cannot jump over two ditches at the same time.
Grap	285	Wie grapjes wil maken moet grapjes verdragen,zoniet moet hij het maar nalaten. He that would jest must take a jest, else to let it alone were best.
Gras	286	Gras groeit niet op de hoofdwegen. Grass grows not upon the highway.
	287	Op allemans weg groeit geen gras. No grass grows on every man's road.
	288	Snel gras, snel hooi. Soon grass, soon hay.
Groot	289	Die voor de groten kruipt, trapt zijn minderen op het hart. He who tiptoes for his superiors, tramples on the heart of those beneath him.

H

Haag   290   Iedereen stapt over de haag waar ze het laagst is.
Where the hedge is lowest everyone goes over.

Haan   291   Een haan is moedig op zijn eigen mesthoop.
A cock is valiant on his own dunghill.
Every cock crows on his own dunghill.

292   Alle hanen moeten een kam hebben.
All cocks must have a comb.

293   Twee hanen in één huis,
een kat en een muis,
een oude man en een jonge vrouw
hebben altijd ruzie.
Two cocks in one house,
a cat and a mouse,
an old man and a young wife,
are always in strife.

294   Als de hanen kraaien, verandert het weer.
When the cocks crow, the weather changes.

295   Een goede haan is niet vet.
A good cock is not fat.

Haar   296   Ros haar en elzenhout groeit maar op slechte grond.
Red hair and elderwood only grow on bad soils.

Haard	297	Eigen haard is goud waard. One's own hearth is worth gold. *There's no place like home.*
Haas	298	Zelfs hazen trekken een leeuw aan de baard als hij dood is. Even hares pull a lion by the beard when he is dead.
	299	Wie twee hazen tegelijk achtervolgt, vangt er niet een. He who hunts two hares at once, catches neither.
	300	De oude hazen kennen de stroppen. The old hares know the snares.
	301	Met trommels vang je geen hazen. Hares are not caught with drums.
	302	In kleine bossen kan je grote hazen vangen. In small woods may be caught large hares.
	303	De haas springt uit het struikgewas op het ogenblik dat we het het minst verwachten. When we least expect it, the hare darts out of the ditch.
Haast	304	Haast en spoed is zelden goed. Hasty speed doesn't often succeed. *Haste makes waste.* *Fool's haste is no speed.*
	305	Pas op voor haastige raad, want haast is zelden snelheid. Of hasty counsel take good heed, for haste is very rarely speed. *The hasty bitch brings forth blind whelps.*
	306	Doe niets haastig behalve vlooien vangen. Nothing in haste but catching fleas.

	307	Haast is het begin van de gramschap en berouw het einde. Hastiness is the beginning of wrath, and its end repentance.
Haat	308	Haat en nijd sterft nimmer. Hate and envy never die.
Hamer	309	Men zal lang wetten eer men een houten hamer scherp maakt. It takes a long time to sharpen a hammer made of wood.
Handelen	310	Als het op handelen aankomt, is hij niet thuis. When it comes to action, he is never home.
Haring	311	Roep nooit haringen!' tot ze in je net liggen. Don't cry herrings till they are in the net. *Gut no fish till you get them.* (Cf. 48, 564)
Hart	312	Moedige harten verzwakken de tegenslag. A stout heart tempers adversity.
	313	Een hart liegt nooit. The heart does not lie.
Haven	314	Zo menige haven, zo menige vrouw. So many ports, so many women.
Havik	315	Men lokt geen haviken met lege handen. You cannot lure a hawk with empty hands.
Hebben	316	Hebben is hebben, maar krijgen is de kunst. To have is to have, but the art is to get.
Hebzucht	317	Hebzucht is bezig een bodemloos vat te vullen. Covetousness is always filling a bottomless vessel.
	318	Hebzucht is pas tevreden als zijn mond vol aarde is. Covetousness is never satisfied till its mouth is filled with earth.

Heelmeester 319   Zachte heelmeesters maken stinkende wonden.
Tender surgeons make foul wounds.
Desperate diseases must have desperate cures.

Heer   320   Grote heren zal men groeten, maar zelden ontoeten.
Big men one shall greet, but seldom meet.

Hemd   321   Het hemd is nader dan de rok.
My shirt is nearer than my cloak.
Near is my coat but nearer is my skin.

Hemel   322   Als de hemel valt, vallen alle mussen dood.
If the sky fell down, all sparrows would be dead.

   323   Als de hemel valt blijft geen aarden pot heel.
Were the sky to fall, not an earthen pot would be left whole.

   324   Beter één keer in de hemel dan tienmaal aan de poort.
Better once in heaven than ten times at the gate.

   325   Van de hemelse dauw kan je niet leven.
One cannot live from the dew of heaven.

Herinneren 326   Beter tweemaal herinnerd dan eenmaal vergeten.
Better twice remembered than once forgotten.

Hoed   327   Met de hoed in de hand, komt men door het hele land.
With your hat in your hand you will walk through the entire land.
One never loses anything by politeness.

Hoer   328   Hoeren en heren zijn van eender veren.
Whores and gentlemen have the same feathers.

329   Hoeren en boeven spreken altijd van hun eer.
      Whores and villains always talk about their
      honor.

330   Het is een arme hoer die zichzelve laakt.
      It is a poor whore who criticises herself.

Hond   331   Een hond met een been kent geen vrienden.
                 A dog with a bone knows no friend.

332   Twee honden zijn het zelden eens over één
      been.
      Two dogs seldom agree over one bone.

333   Als twee honden vechten voor een been, loopt
      een derde ermee heen.
      When two dogs fight for a bone, the third
      runs away with it.

334   Dode honden bijten niet.
      Dead dogs seldom bite.
      Dead dogs bark not.

335   Maak geen slapende honden wakker.
      Wake not a sleeping dog.
      Let sleeping dogs lie.

336   Je hebt een hond beter als vriend dan als vi-
      jand.
      Better have a dog for your friend than your en-
      emy.

337   Streel een hond en hij zal je kleren bevuilen.
      Caress your dog, and he'll spoil your clothes.

338   Het is moeilijk om oude honden te leren blaf-
      fen.
      It is hard to teach old dogs to bark.

339   Als oude honden blaffen, moet je uitkijken.
      When old dogs bark, it's time to watch out.

340   Als de hond op zijn rug ligt, is iedereen klaar om hem te bijten.
When the dog is down, every one is ready to bite him.

341   Honden hebben tanden in alle landen.
Dogs have teeth in all countries.

342   Vele honden zijn de dood van de haas.
Many hounds are the death of the hare.

343   Een stok voor de hond is makkelijk gevonden.
It is easy to find a stick to beat a dog.

344   Die met de honden te bed gaat, staat met vlooien op.
He who sleeps with the dogs, wakes up full of fleas.

345   De ene hond verwijt de andere zijn vlooien.
One dog reproaches the other for having fleas.

346   Een blode hond wordt zelden vet.
A fearful dog seldom becomes fat.

347   Oude honden leren moeilijk pootjes geven.
It is difficult to teach an old dog to give a paw.
You cannot teach an old dog new tricks.(Cf. 338)

348   Een goede poedel ontziet geen modderige sloot.
A good poodle is not afraid of a muddy ditch.

Honger   349   Honger eet door stenen muren.
Hunger eats through stone walls.

Honing   350   Honing wordt duur betaald als je ze van de doornen moet aflikken.
He buys honey dear who has to lick it off thorns.

	351 Wie honing wil hebben moet de steek van de bijen verdragen. He who would gather honey must brave the sting of bees. *Make yourself all honey and the flies will devour you.*
Hoofd	**352** Wie een hoofd van boter heeft blijft best uit de buurt van de oven. He that has a head of butter must not come near the oven. (Cf. 92)
	353 Vele hoofden, vele zinnen. Many heads, many minds.
	354 Als het hoofd ziek is is het hele lichaam ziek. When the head is sick the whole body is sick.
Hoop	**355** Hoop is het voedsel van de liefde. Hope is the food of love.
	356 Hoop is het brood van de rampzaligen. Hope is the bread of the disastrous.
Horen	**357** Dat hoor ik, zei dove Jan, en hij smeet zijn moeders porselein aan stukken. "I can hear that," said deaf John, and he threw his mother's china on the ground.
Horens	**358** Wie horens heeft wil rammen. What has horns will gore.
Hout	**359** Dor hout brandt het eerst. Dead wood burns first.
	360 Alle hout is geen timmerhout. Not all wood is good for carpentry.
Huis	**361** Ieder huisje heeft zijn kruisje. Every house has its cross. *Every heart has its own ache.*
	362 Eén genster heeft het huis doen afbranden. From a spark the house is burnt.

Hulp   363   Tijdige hulp is dubbele hulp.
                         Timely help is double help.
                         He gives twice who gives quickly.

I

Iets	364	Beter iets dan niets. Better something than nothing.
IJdelheid	365	IJdelheid is het hoofdkussen van de duivel. An idle man is the devil's pillow.
	366	IJdelheid is de moeder van de honger, en de broer van diefstal. Idleness is hunger's mother, and of theft it is full brother.
IJs	367	Op oud ijs vriest het licht. It freezes easy on old ice.
	368	Als de oude wijven op het ijs komen, begint het te dooien. When old women are on the ice, it begins to thaw.
IJver	369	Als ijver langs de deur naar buiten gaat, komt de armoede langs het raam naar binnen. When industry goes out of the door, poverty comes in at the window.
	370	IJver is een goed dienaar, maar een kwaad meester. Diligence is a good servant, but a bad teacher.
IJzer	371	Als het ijzer rust, dan roest het. When iron rests, it rusts. (Cf. 702)

372 IJzer scherpt men met ijzer.
Sharpen iron with iron.
Iron whets iron.

J

Jaarmarkt	373	Zelden een jaarmarkt zonder dief. No annual fair without a thief.
Jager	374	Er zijn meer jagers dan vangers. There are more who hunt than catch.
	375	Goede jagers volgen nauwgezet de sporen. Good hunters track narrowly.
Jaloezie	376	De jaloezie is de zuster van de liefde. Jealousy is the sister of love.
	377	Ben je jaloers? Ga dan buiten eens bedelen. You're jealous? Go out and ask for donations.
Jas	378	Een mooie jas is een goede aanbevelingsbrief. A smart coat is a good letter of introduction.
Jenever	379	De jenever streelt long en lever. Gin caresses lungs and liver.
Jong	380	Jonge mensen, gekke mensen; oude mensen, koude mensen. Young folk, silly folk; old folk, cold folk.
	381	Jong en oud, op het einde wordt alles koud. Young or old, in the end is cold.
	382	Hij wordt weer jong, want hij begint al op zijn schoenen te wateren. He regains his youth, when he starts to piss on his own shoes.

383   Jong te paard, oud te voet.
Young on horseback, old on feet.
Young prodigal in a coach, will be an old beggar barefoot.

384   De jonge mogen sterven, de oude moeten.
The young may die, the old must.

K

Kaal(kop)	385	Men kan geen kaalkop bij het haar vatten. One cannot grab a bald man by the hair.
	386	Een kale kin is vlug geschoren. A bald chin is quickly shaven.
Kaas	387	Het is makkelijk grote stukken snijden van andermans kaas. It's easy to cut big chunks from someone else's cheese.
Kaf	388	Geen koren zonder kaf. No corn without chaff. *No garden without its weeds.*
Kalf	389	Als het kalf verdronken is dempt men de put. When the calf is drowned they cover the well. *It is no time to stoop when the head is off.*
Kam(men)	390	Het is moeilijk kammen zonder haar. It's a bad combing where there is no hair.
	391	Een kaal hoofd vreest de kam. A scabby head fears the comb.
Kat	392	Een slapende kat vangt geen rat. Sleeping cats catch no rats.
	393	Katten mogen in de ogen van de keizer kijken. A cat may look at an emperor.

394 Als katten muizen vangen mauwen ze niet.
When cats are mousing they don't mew.
Silence catches a mouse.

395 Als de katten slapen, spelen de muizen.
When the cat sleeps, the mice play.

396 Wie jaagt met de katten vangt niets dan ratten.
Who hunts with cats will catch nothing but rats.

397 Jonge katten vangen muizen, jonge apen vangen luizen.
Young cats will mouse, young apes will louse.

398 Als de kat vanhuis is, springen de muizen op tafel.
When the cat's not home, the mice jump on the table.

399 's Nachts zijn alle katten grijs.
By night all cats are grey.
All cats are grey in the dark.

400 Koop nooit een kat in een zak.
Never buy a cat in a sack.
Never buy a pig in a poke.

401 Je moet de kat uit de boom kijken.
You've got to stare the cat down out of the tree.

402 Het gaat regenen, want de kat zit met haar rug naar het vuur.
It is going to rain, because the cat sits with her back to the fire.

403 Bind de kat voor de knie, dan hebt ge vier ogen.
Tie your cat to your knee, then you will have four eyes.

Keizer	404	Waar er niets is verliest de keizer zijn rechten. Where there is nothing, the emperor loses his right. *No naked man is sought after to be rifled.*
Kerk	405	Laat de kerk in het midden van het dorp staan. Let the church stand in the middle of the village.
Ketel	406	Kleine ketels koken vlugger. A little pot boils easily.
	407	Zolang de ketel kookt, leeft de vriendschap. Friendship lasts as long as the pot boils. *In time of prosperity, friends in plenty.*
Keuken	408	Vette keuken magere erfenis. A fat kitchen leaves a lean will.(Cf. 494)
Keuze	409	Wie kan kiezen zit in de problemen. He that has a choice has trouble.
Kijken	410	Wie niet kijkt vangt niets. Who watches not catches not.
Kikker	411	Zelfs al zit hij op een gouden stoel de kikker springt altijd terug in zijn poel. The frog will jump back into the pool although it sits on a golden stool.
	412	Waar kikkers zijn, zijn ook ooievaars. Where there are frogs, there are also storks.
	413	Vrede best, zei de kikker tegen de ooievaar. Peace is best, said the frog to the stork.
Kind	414	Wie zijn kinderen liefheeft spaart de roede niet. He that loves his child chastises it.
	415	Aardig is het kind, zolang het klein is. Children are sweet while they are still small.

416 Pas op voor luisterende kinderen, want kleine kruiken hebben grote oren.
Of listening children have your fear, for little pitchers have great ears.

417 Wie zijn kinderen kastijdt zal door hen worden geëerd, wie het niet doet zal door hen worden veracht.
He who chastises his child will be honored by him; he who chastises it not will be shamed.

418 Kleine kinderen hoofdpijn, grote kinderen hartpijn.
Little children, headache; big children heartache.
A little child weighs on your knee, a big one on your heart.

419 Kinderen en kiekens hebben altijd honger.
Children and chicken are always hungry.

420 De kindermond kan niet liegen.
A child's mouth cannot lie.

421 Schreiende kinderen maken zingende moeders.
Crying children make singing mothers.

422 Als de kinderen stil zijn, zo hebben ze kwaad gedaan.
When the children are quiet, they have done something wrong.

423 De eerste kinderen zijn de schoonste, de laatste zijn de schranderste.
The first children are the most beautiful, the last ones are the most intelligent.

424 Die niet beter kan, moet bij de moeder van zijn kinderen slapen gaan.
He who cannot do better must sleep with the mother of his children.

425 (FL) Kinderen hebben een aartje naar hun vaartje.
Children have a hair of their father.

426 Kippen leggen graag daar waar ze eieren zien.
Hens like to lay where they see an egg.

427 Zwarte kippen leggen witte eieren.
Black hens lay white eggs.

428 Als het regent en de zon schijnt, dansen de kippen.
When it rains and the sun is shining, the chickens dance.

429 Een blinde kip vindt ook wel een graankorrel.
Even a blind chicken will find an ear of corn.

Klein 430 Wie het kleine niet begeert is het grote niet weerd.
He that despises the little is not worthy the great.
He who does not wish little things does not deserve big things.
Who will not keep a penny, never shall have many.

431 Veel kleinen maken een groot.
Many small things make one big thing.

Kleren 432 De kleren veranderen niet de manieren.
Clothes do not change manners.

433 Fraaie kleren zijn gemeenlijk gevoerd met grote schulden.
Beautiful clothes are usually lined with big debts.

434 De kleren maken de man.
Clothes make the man.
The tailor makes the man.
Clothes do not make the man.
Apparel makes the man.

Koe

435   Een koe is een wandelend botervat.
A cow is a walking butter barrel.

436   Melk de koe, maar trek haar spenen niet af.
Milk the cow, but don't pull off the udder.

437   De koe kent de waarde van haar staart niet tot ze hem kwijt is.
The cow does not know the value of her tail till she has lost it.

438   Je weet nooit hoe een koe een haas vangt.
You never know how a cow catches a rabbit.
A blind man may sometimes hit the crow.

439   Het is maar goed dat kwade koeien korte hoornen hebben.
It is well that wicked cows have short horns.

440   Een koe kakt meer in één dag dan een mus in een jaar.
A cow shits more in one day than a sparrow in a year.

441   Als men de koe verkoopt, raakt men ook de uier kwijt.
When you sell your cow, you also lose its udder.
You cannot sell the cow and drink the milk.

442   Eén koe geeft meer melk dan zeven spreeuwen.
One cow gives more milk than seven starlings.

443   De koe is vergeten dat ze kalf geweest is.
The cow forgets that she once was a calf.

444   Verandering van weide doet de koeien goed.
A change of pastures is good for the cows.
Change of pasture makes fat calves.

	445	Men moet geen koe in een porseleinwinkel leiden. Do not lead a cow through a china shop.
Koekoek	446	Een koekoek roept zijn eigen naam. A cuckoo calls its own name.
Koetsier	447	Een oude koetsier houdt van de klappen van de zweep. An old coachman loves the crack of the whip.
Koffie	448	Koffie heeft twee goede eigenschappen: het is vochtig en het is warm. Coffee has two virtues, it is wet and warm.
Kok	449	Geef de kok een plaats bij het vuur. Give the cook a place near the fire.
	450	Teveel koks maken de pap te zout. Too many cooks oversalt the porridge. *Too many cooks spoil the broth.*
	451	Niet iedereen die lange messen hanteert is een kok. All are not cooks who wear long knives.
Koken	452	Als je zelf niet kookt, kan je de lepel niet weggeven. If you're not doing the cooking, you can't give away the spoon.
Koopman	453	Een leugen is koopmans welvaart. A lie is a merchant's prosperity.
Kopen	454	Wie koopt moet honderd ogen hebben, wie verkoopt heeft er slechts één nodig. He who buys wants a hundred eyes; he who sells need have but one.
	455	Niet alle kopers zijn kenners. Not every buyer is a connoisseur.
	456	Waren er geen kopers, er waren geen dieven. No buyers, no thieves.

	457	Goede waar wenkt de kopers.
		Good merchandise beckons buyers.
Kosten	458	Wat niets kost is niets waard.
		What costs nothing is worth nothing.
Kraai	459	Een vliegende kraai vindt altijd wat.
		A flying crow always catches something.
		The dog that trots about finds a bone.
	460	Eén kraait maakt nog geen winter.
		One crow does not make a winter.
	461	Kraaien pikken elkaars ogen niet uit.
		One crow does not peck out another's eyes.
Kreupele	462	Als een kreupele een blinde leidt, vallen ze beiden in de gracht.
		When a cripple leads a blind man, they both fall into the brook.
Kriek	463	Geen krieken zonder stenen.
		No cherries without stones.
Kroon	464	Een kroon is geen geneesmiddel voor hoofdpijn.
		A crown is no cure for the headache.
	465	Daar is geen kroon of er staat een kruisje op.
		No crown without a little cross.
Kruik	466	De kruik gaat zolang te water tot ze breekt.
		The pitcher goes so often to the well that it is broken at last.
Kruipen	467	Wie kruipt kan niet vallen.
		He that creeps falls not.
Kruis	468	Iedereen denkt dat zijn kruis het zwaarst is.
		Everybody thinks his cross is the heaviest.
		Every horse thinks its own pack heaviest.

469 Die het kruis heeft, zegent zichzelf het eerst.
The one who holds the cross, blesses himself
first.

470 Geen zwaarder kruis dan zonder kruis te leven.
No heavier cross than to live without a cross.

Kus 471 Een kus zonder baard is als een ei zonder
zout.
A kiss without a beard is like an egg without
salt.

Kwaad- 472 Wie kwaadspreekt over zijn buurman, graaft
spreken zijn eigen graf.
He who slanders his neighbor makes a rod
for himself.

473 Distels en doornen doen zeer,
maar kwatongen nog veel meer.
Thistles and thorns prick sore,
but evil tongues prick more.

Kwaal 474 Voor grote kwalen, sterke remedies.
For great evils strong remedies.

L

Laars	475	Oude laarzen behoeven veel smeers. Old boots need a lot of grease.
Laat	476	Het is te laat om Wacht even!' te roepen als de pijl de boog verlaten heeft. It is too late to cry "Hold hard!" when the arrow has left the bow.
	477	Wie te laat komt vindt een omgekeerd bord. He who comes too late finds the platter turned over.
Lachen	478	Als het lachen gedaan is beginnen de zorgen. The end of mirth is the beginning of sorrow.
Land	479	Beter een verwoest land dan een verloren land. Better a ruined land than a lost land.
	480	Een rustig stukje land eet al de mest op. A still sow eats up all the draff.
Langzaam	481	Gauw is dood en langzaam leeft nog. Haste is dead and slow is still alive.
	482	Wie langzaam gaat, gaat ver. He who goes slowly, goes far.
Leermeester	483	Leermeesters sterven, maar boeken blijven leven. Teachers die, but books live on.

Leren	484	Zij die het meest geleerd hebben zijn daarom niet het verstandigst. The most learned are not the wisest.
Leider	485	Goede leiders maken goede volgelingen. Good leading makes good following.
Lenen	486	Wie van lenen is gediend, verliest geld en vriend. Who ventures to lend, loses money and friend.
Leugen	487	De almanak en de krant brengen de leugens in het land. The almanack and the newspaper spread lies into the country.
	488	Leugen zonder nood brengt de ziel ter dood. A needless lie kills the soul.
	489	Een leugen om bestwil is geen zonde. It is not a sin to tell a lie for your own good.
Leugenaar	490	Jonge leugenaars, oude dieven. Young liars, old thieves. *He that will lie, will steal.*
	491	Leugenaars moeten een goed geheugen hebben. Liars should have good memories.
	492	Het is geen leugenachtig wijf, zij is alleen maar ongelukkig in het waar zeggen. She is not a liar, she is only clumsy in telling the truth.
Leven	493	Leven en laten leven. Live and let live.
	494	Een lekker leven maakt een mager testament. A good life makes a lean will. (Cf. 408)
Lied	495	De oude liedjes zijn de beste. Old songs are the best.

Lief	496	Niemands lief is lelijk. Nobody's sweetheart is ugly.
Liefde	497	De liefde doet veel, maar het geld doet alles. Love does much, money does everything.
	498	Oude liefde roest niet. Old love does not rust.
	499	Liefde bedekt veel zonden. Love conceals many sins.
	500	Men verdrinkt zowel in de liefde als in een rivier. One can drown in love as well as in a river.
	501	Snelle liefde, lange haat. Quick love, long hate.
	502	Van liefde rookt de schoorsteen niet. The chimney does not smoke from love.
	503	Liefde is sterker dan de dood. Love is as strong as death.
	504	De liefde kruipt waar ze niet kan gaan. Love creeps where it cannot walk.
	505	De liefde kent geen gevaar. Love knows no danger.
	506	Liefde maakt arbeid licht. Love makes labor light.
	507	Gedwongen liefde blijft niet duren. Forced love does not last.
	508	De liefde kan alles verduren. Love can bear anything.
	509	De liefde kan niet van één kant komen. Love is not one-sided. *Turn about is fair play.*

Liefdesbrief	510	Minnebrieven zijn met boter verzegeld. Love letters are sealed with butter. *Fair words butter no parsnips.*
	511	Wie liefdesbrieven schrijft wordt dun; wie ze moet dragen, dik. Who writes love letters grows thin; who carries them, fat.
Liefhebben	512	Min mij niet te veel, maar min mij lang. Don't love me too much, but love me long.
Liegen	513	Die van verre landen komen hebben makkelijk liegen. They who come from afar have leave to lie.
	514	Horenzeggen is half gelogen. Hearsay is half lies.
	515	Wie veel hoort, hoort veel liegen. He that hears much, hears many lies.
Loodje	516	De laatste loodjes wegen het zwaarst. The final lead weights are the heaviest. *The last mile is the longest.* *It is the last straw that breaks the camel's back.*
Lopen	517	We leren veilig te lopen dankzij het vallen. By falling we learn to go safely.
Lui(heid)	518	Luiheid is begin van alle ondeugd. Sloth is the beginning of vice.
	519	Luie lui hebben altijd feestdagen. It is always a holiday for a lazy chap.
Luis	520	Een luis in de kool is beter dan helemaal geen vlees. A louse in the cabbage is better than no meat at all.

M

Maagd	521	Zelden een schone maagd zonder geliefde. A beautiful virgin without a lover is rare.
	522	Toen ik een maagd was, toén wfren er mffg- den, zei de vrouw. "When I was a virgin, then there were *virgins*," said the woman.
Maan	523	Als de maan vol is, schijnt ze overal. The full moon shines everywhere.
Mager	524	Die mager wil zijn, moet gierig worden. He who wants to be lean, must become mean.
Man	525	Gelukkig is de man die de vrouw derven kan. Happy is the man who can live without a woman.
	526	De man zonder vrouw is een keuken zonder vuur. A man without a wife is a kitchen without an oven. *Woeful is the household that wants a woman.*
	527	Als de man goed verdient is de vrouw goed gezind. When the husband earns well the wife spins well.

	528	Een man overboord, een mond minder om te vullen. A man overboard, a mouth the less.
	529	De man legt zijn hand waar hij pijn voelt. Where a man feels pain he lays his hand.
	530	Een vervaard man kreeg nooit een schone vrouw. No frightened man ever got a beautiful woman.
	531	De eerste man is een vriend, de tweede is een man, de derde is een meester. The first husband is a friend, the second is a man, the third is a master.
Markt	532	Het is triestig de markt te bezoeken zonder geld in je zakken. It is bad to go marketing with empty pockets.
Meer	533	Laat me het meer oversteken en ik zal niet bang meer zijn van een beek. Let me get over the lake, and I have no fear of the brook.
Meester	534	Het moet inderdaad een goeie meester zijn die zich nooit vergist. He must indeed be a good master who never errs.
	535	Geen betere meesters dan armoede en verlangen. No better masters than poverty and want.
	536	Niets is zo slecht of het vindt zijn meester. Nothing so bad but it finds its master.
	537	Het oog en de voet van de meester zijn de beste mest voor het veld. The master's eye and foot are the best manure for the field.

Mei	538	Mei levert de bloemen. May delivers the flowers.
Meid	539	Nieuwe meiden dienen wel. New maids serve well.
Meisje	540	Je kan beter op een zak vlooien passen dan op een jong meisje. It is easier to babysit a sack of fleas than one young girl.
	541	Een jong meisje en een oude snul, dat geeft alle jaren een wieg vol. A young girl and an old man means a full cradle every year.
	542	Het mooiste meisje kan niet meer geven dan ze heeft. Even the most beautiful girl cannot give more than she has.
Mens	543	Geen mens heeft zichzelf gemaakt. No one made himself.
	544	De mens ligt langer in het graf dan hij leeft. A man lies longer in his grave than he lives.
	545	De mens verandert om de zeven jaar. A man changes every seven years.
	546	Eén mens is minder dan niets. One human being is less than nothing.
	547	Zolang het de mens welgaat, brandt hij geen wierook. In times of prosperity men do not burn incense.
Mes	548	Wie met messen speelt, snijdt zichzelf. He who plays with knives, cuts himself.
	549	Nieuwe messen snijden scherp. New knives are the sharpest knives. *A new broom sweeps clean.*

Modder	550	Wie in de modder rolt wordt opgegeten door de varkens.
		He who mixes himself with the mud will be eaten by the swine.
Mode	551	De mode is de wet waarnaar zich elkeen zet.
		Fashion is the law which everyone obeys.
Moeder	552	Moeders wil is wet.
		What mother wants is law.
	553	Toegeeflijke moeders maken slonzige dochters.
		An indulgent mother makes a sluttish daughter.
Moedig	554	Een moedig soldaat gaat op tijd lopen.
		A brave soldier runs away in time.
Moeten	555	Moeten is een strenge heer.
		To have to is a severe master.
	556	Moeten is dwang en huilen is kindergezang.
		To have to is obligation and to cry is a children's song.
Molen	557	Zonder water draait de molen niet.
		Mills will not grind if you do not give them water.
Monnik	558	Een weggelopen monnik spreekt nooit goed over zijn klooster.
		A runaway monk never speaks well of his convent.
	559	De kap maakt de monnik.
		It is the cowl that makes the friar.
Moor	560	Beter een levende moor dan een dode paus.
		Better a living Moor than a dead pope.
		A living dog is better than a dead lion.

Morgen	561	Tussen heden en morgen kan nog veel gebeuren.

Morgen 561 Tussen heden en morgen kan nog veel gebeuren.
A lot can happen between today and tomorrow.

562 Morgen komt altijd terug, gisteren nooit.
Tomorrow always comes back, yesterday never.

563 Heden iets, morgen niets.
Today something, tomorrow nothing.

Morgen- 564 De morgenstond heeft goud in de mond.
stond Morning has gold in its mouth.
The early bird catches the worm.

Mosselen 565 Roep geen mosselen eer ze aan land zijn.
Do not cry "mussels" before they are ashore.
Don't sell the skin till you have caught the bear.(Cf. 311)

566 Mosselen zouden gaarne vis zijn, konden ze uit de schelpen.
Mussels would like to be fish, if only they could get out of their shells.

Mosterd 567 Mosterd na de maaltijd.
After meat comes mustard.

568 Welk een ding is mosterd! Het bijt en heeft geen tanden.
Mustard is something special! It bites but has no teeth.

Muis 569 Op de duur bijt de muis de koord stuk.
In time a mouse will gnaw through a cable.

570 Het is maar een povere muis die slechts één hol heeft.
It is a poor mouse that has but one hole.
The mouse that has but one hole is quickly taken.

571 Als de muis voldaan is vindt ze dat het meel
bitter smaakt.
When the mouse has had its fill, the meal
turns bitter.
If in excess even nectar is poison.

572 Dit is de grootvader van de muis, zei Egbert,
en hij zag een olifant.
This is the grandfather of mice, said Egbert,
as he looked at an elephant.

573 Alle baten helpen, zei de muis, en zij piste in
de zee.
Every little bit helps, said the mouse, pissing
into the sea.

Mus 574 Wie mussen vreest, zaait beter geen koren.
He who is afraid of sparrows, better not sow
wheat.

Muur 575 Tegen een zwakke muur zal men niet leunen.
Don't lean against a weak wall.

N

Naald	576	De naald weegt zwaar op het eind. In the end a needle weighs heavy.
	577	Weet jij een naald, ik weet een draad. If you know a needle, I know a thread.
	578	Waar de naald gaat, volgt de draad. Where the needle goes, the thread follows.
Nacht	579	Velen zoeken goede nachten en verliezen goede dagen. Many seek good nights and lose good days.
	580	De nacht brengt uitkomst. Night brings solutions.
	581	De nacht is niemands vriend. Night is nobody's friend.
Natuur	582	De natuur is met weinig tevreden. It takes little to satisfy Nature.
	583	De natuur helpt zichzelf. Nature helps itself. *Nature will have its course.*
	584	De natuur kan niet liegen. Nature never lies.
	585	Zout en zuur krenkt de natuur. Salt and sour offend nature.

Nering	586	Aan het volk kent men de nering. So the people, so the trade.
	587	Geen nering zonder liegen. No trade without lying.
Neus	588	Alles is mogelijk, behalve je eigen neus afbijten. Everything is possible, except to bite your own nose.
	589	De neus is het kompas van de lekkerbek. The nose is the compass of the gourmet.
Niets doen	590	Niets doen leert ons kwaad doen. To do nothing teaches to do evil.
Nieuws	591	Slecht nieuws komt snel genoeg. Ill tidings come soon enough. *Ill news comes apace.*
Nieuws- gierigheid	592	De nieuwsgierigheid bedriegt de wijsheid. Curiosity cheats wisdom.
Nood(zaak)	593	Nood breekt ijzer. Necessity breaks iron. *Necessity is the mother of invention.*
	594	Noodzaak breekt wet. Necessity knows no law.
	595	In de nood grijpt men zowel naar een stront als naar een puthaak, zei Dries, en hij lag in het water. "When in need you grab a turd as well as a hook," said Dries as he lay in the water.
Noot	596	De slechtste noten kraakt men het laatst. The worst nuts are cracked the last.

O

Ochtend	597	Wie in de ochtend lacht, weent's avonds. He who laughs in the morning, weeps at night.
Olie	598	Olie met azijn gemengd maakt de beste saus. Oil mixed with vinegar makes the best dressing.
Onder- nemen	599	Wie veel onderneemt slaagt zelden. Who undertakes too much, succeeds but little.
Ongeluk	600	Een ongeluk zit in een klein hoekje. An accident can be hidden in a small corner. *Mischief comes without calling.*
	601	Het ene ongeluk brengt het andere met zich mee. One misfortune brings on another. *Misfortunes never come singly.* *Of one ill come many.*
	602	Zelfs als het melk zou regenen, zouden zijn kommen omgekeerd liggen. Even if it rained milk, his bowls would be upside down.
	603	Een ongeluk komt nooit alleen, zei Bolten, en hij brak neus en teen. Bad luck never comes alone, said Bolten, and he broke more than one bone.

Onkruid	604	Onkruid vergaat niet. Weeds never perish.
Onrecht	605	Wat honderd jaar onrecht is geweest, dat wordt nimmer recht. What has been wrong for a hundred years, will never be right.
	606	Eens onrecht, altijd onrecht. Injustice once, injustice always. *Wrong never becomes right.*
Oog	607	De ogen zijn de vensters van het hart. The eyes are the windows of the heart. *The eyes are the mirror of the soul.*
	608	De ogen zijn groter dan de buik. The eyes are bigger than the belly.
	609	Het oog van de meester maakt het paard vet en het oog van de meesteres maakt de kamers schoon. The eye of the master makes the horse fat, and that of the mistress the chambers neat.
	610	Wie maar één oog heeft moet er zorg voor dragen. Who has but one eye must take good care of it.
Oogsten	611	Beter twee dagen te vroeg oogsten dan één dag te laat. Better reap two days too soon than one too late.
	612	Wie in de oogst slaapt, slaapt op zijn kosten. He who sleeps during harvest time, sleeps at his own expense.
Oom	613	Eerst oom en dan oompjes kinderen. First uncle and then uncle's children.

Oorlog	614	In de oorlog en in de liefde is alles geoorloofd. All is fair in love and war.
Opruimen	615	Dat ruimt op, zei Grietje, en haar man stierf. "That is a good riddance," said little Griet, and her husband died.
Orgel	616	Eén valse pijp bederft het ganse orgelspel. One bad pipe ruins the entire organ. *One rotten apple ruins the whole barrel.*
Os	617	Een os en een ezel span je beter niet voor dezelfde ploeg. An ox and an ass don't yoke well to the same plow. *Marry your like.*
	618	Als het lukt, kalft de os. With a little luck the ox calves. *Whom God loves, his bitch brings forth pigs.*
Oud(erdom)	619	Het is kwaad oud en arm te zijn. It is difficult to be old and poor.
	620	Oude lieden zijn tweemaal kinderen. Old folks are twice children.
	621	Hoe ouder je wordt, hoe meer je leert. The older one grows, the more one learns.
	622	Zo de ouden zingen, zo piepen de jongen. What the old ones sing, the young ones whistle.
	623	Ouderdom is ziekte genoeg. Old age is sickness of itself.
Overdaad	624	De overdaad baart walging. Exaggeration gives birth to nausea. *Better go away longing than loathing.*

Overvloed 625   Genoeg is meer dan overvloed.
Enough is more than abundance.
Enough is as good as a feast.

Overwinning 626   Zonder strijd geen overwinning.
No victory without a battle.

P

Paard	627	Een goed paard is zijn haver waard. A good horse is worth his fodder.
	28	Paarden struikelen ook, al hebben zij vier poten. A horse may stumble, though he has four feet. *It is a good horse that never stumbles.*
	629	Beter een blind paard dan een lege halster. Better a blind horse than an empty halter.
	630	Beter een half jaar op een goed paard, dan je hele leven op een muilezel. It is better to ride for half a year on a good horse, than to spend your entire life riding on a mule.
	631	Paarden die niet bij elkaar passen trekken slecht. Ill-matched horses draw badly.
	632	Een lopend paard kan je niet beslaan. One can't shoe a running horse.
	633	Neem een paard bij de toom en een man bij zijn woord. Take a horse by his bridle and a man by his word.

634 Het is te laat de staldeur sluiten als het paard gestolen is.
It is too late to lock the stable door when the steed is stolen.

635 Een gehuurd paard en eigen sporen maken korte mijlen.
A hired horse and your own spurs make short miles.

636 Het paard moet grazen waar het wordt vastgemaakt.
The horse must graze where it is tethered.

637 Een schurftig paard vreest de roskam.
A scabbed horse cannot abide the comb.

638 't Is vergeefs geschuifeld als het peerd niet pissen wil.
You are whistling in vain when the horse does not want to piss.

639 Het is gemakkelijk de zweep leggen op andermans paarden.
It is easy to whip other people's horses.

640 Het is een lui paard dat zijn haver niet wil dragen.
It is a lazy horse that refuses to carry its own fodder.

Paaseieren 641 Men moet geen paaseieren op Goede Vrijdag eten.
One should not eat Easter eggs on Good Friday.

Pad 642 Daar zijn geen padden in klaar water.
In clear water there are no toads.

Pap 643 Moeders pap is altijd de beste.
Mother's porridge is always the best.

Papier 644 Een witte muur is der zotten papier.
A white wall is a fool's paper.

Pasen	645	Roep niet Alleluja voordat Pasen daar is. Don't cry Allelujah before Easter.
	646	Groene Pasen, witte kerstdag. Green Easter, White Christmas.
Pastoor	647	De pastoor doet geen twee missen voor hetzelfde geld. The priest does not say two masses for the price of one.
	648	Priesters komen voor uw wijn en officieren voor uw dochters. Pastors come for your wine and officers for your daughters.
	649	Pastoor en koster zijn het zelden eens. The priest and the sexton seldom agree.
Peer	650	Een rijpe peer valt dikwijls in de drek. A ripe pear often falls into the shit.
Pit	651	Wie de pit wil moet de noot kraken. He that would have the kernel must crack the shell.
Ploeg	652	Span je ploeg nooit vóór de paarden. Don't yoke the plow before the horses.
	653	Als de ploeg werkt, dan blinkt hij. The plow that works, shines.
Pochen	654	Veel geblaat, weinig gebraad. Great boast, little roast.
	655	Pochen en broek bevuilen is geen kunst. It is not a great art to boast and to foul your pants.
Pot	656	Wie de pot breekt, betaalt de scherven. He who breaks the pot must pay for the splinters.

	57	Kleine potjes hebben ook oren.
		Little pots have ears too.
		Little pitchers have great ears.
Prater	658	Praters zijn geen doeners.
		Great talkers are little doers.
	659	Hij praat als een worst zonder vet.
		He talks like a sausage without the fat.
Prins	660	Het zijn niet allemaal prinsen die met de keizer rijden.
		All are not princes who ride with the emperor.
Probleem	661	Andermans problemen zijn een halve troost.
		The troubles of many are a half-solace.
Publiek	662	Wie het publiek dient, dient een grillig meester.
		Who serves the public serves a fickle master.

R

Raad	663	Raadgevers geven niet echt. Advisers are not givers.
	664	Het makkelijk raad geven als alles goed gaat. When things go well it is easy to advise.
Raaf	665	De jonge raven zijn gebekt als de oude. The young ravens are beaked like the old.
	666	Een raaf broeit geen sijsje. Ravens do not breed little finches.
	667	Als de raven krassen, zal het regenen. When the ravens crow, it's going to rain.
	668	Kweek een raaf en zij zal je ogen uitpikken. Raise a raven and it will peck out your eyes.
Raden	669	Wie raadt, vergist zich. Guessing is missing.
Rap	670	Vroeg rap, vroeg lam. Early haste, early lame.
Rat	671	Een oude rat vindt makkelijk een hol. An old rat easily finds a hole.
	672	Een oude rat trapt niet in de val. An old rat won't go into the trap.
Rechter	673	Een zot rechter, kort vonnis. A mad judge, a short verdict.

Rechtszaak	674	Zelfs de beste zaak kan niet zonder een goede advocaat.
		The best cause requires a good pleader.
Regen	675	Het is prettig naar de regen te kijken als je droog staat.
		It's pleasant to look on the rain when one stands dry.
	676	Na regen komt zonneschijn.
		After rain comes fair weather.
	677	Na kleine buien komen grote vlagen.
		After great droughts come great rains.
Reizen	678	Reis naar Oost of reis naar West, je eigen huis is nog altijd het best.
		Travel east and travel west, a man's own house is still the best.
		There's no place like home.
	679	Wie veel reist, verslijt veel schoenen.
		He who travels a lot, wears out many shoes.
Rennen	680	Loop niet voordat je kunt gaan.
		Do not run before you can walk.
	681	Wie rent, wordt gevolgd.
		Who runs is followed.
Reu	682	Alles wat reu heet, wil aan de wand pissen.
		Everything that is called dog, wants to piss against the wall.
Riemen	683	Je moet roeien met de riemen die je hebt.
		Everyone must row with the oars he has.
		Who has no horse, may ride on a staff.
Rijden	684	Rijd verder, maar kijk vóór je.
		Ride on, but look ahead you.
Rijk	685	De rijken hebben vele vrienden.
		The rich have many friends.

686   De rijkste man die leeft is hij die blij is met
wat hij heeft.
The richest man, whatever his lot, is he who's
content with what he has got.
He is rich that has few wants.

687   Dien niets ontbreekt, die is rijk.
He who does not need anything, is rich indeed.

688   Hij is rijk die aan niemand iets schuldig is.
He who has no debts, is rich indeed.

Rijp   689   Vroeg rijp, vroeg rot;
vroeg wijs, vroeg zot.
Soon ripe, soon rotten;
soon wise, soon foolish.

Roddelen   690   Wie roddelt over zijn familie heeft geen
geluk en geen zegen.
Whoever gossips about his relatives has no
luck and no blessing.

Roede   691   Hoe scherper de roede, hoe liever het kind.
The harder the whip, the sweeter the child.
Spare the rod and spoil the child.

Roeien   692   Met bolle zeilen is het makkelijk roeien.
It is good rowing with set sail.

Rome   693   We kunnen allemaal geen paus van Rome
zijn.
Not everyone can be the pope of Rome.

694   Hij is naar Rome geweest en heeft de paus
niet gezien.
He has been in Rome but has not seen the
pope.

695   Hoe verder van Rome, hoe nader bij God.
The farther from Rome the nearer to God.

696   Hoe dichter bij Rome, hoe slechter christenen.
The worst Christians are those closest to
Rome.
The nearer the church, the farther from God.

Roos   697   Wie rozen wil moet geen doornen vrezen.
He who would gather roses must not fear
thorns.

698   Rozen vergaan, maar doornen blijven bestaan.
Roses fall, but the thorns remain.

699   Strooi geen rozen voor de zwijnen.
Strew no roses before swine.
Do not cast your pearls before swine.

Rouw   700   Geen zwaarder rouw dan om geldverlies.
No greater mourning than for the loss of
money.

Ruiken   701   Die het eerst ruikt, heeft zijn gat gebruikt.
The farter smells his own gas first.

Rust   702   Rust roest.
Rest makes rusty.
*Sloth, like rust, consumes faster than labor
wears.*(Cf. 371)

Ruzie   703   Waar er twee ruzie maken zijn er twee fout.
When two quarrel both are to blame.
It takes two to make a quarrel.

704   Wie ruzie zaait, zal tweedracht maaien.
He who sows quarrels reaps discord.
Sow the wind and reap the whirlwind.

S

Sap	705	Het sap is de kool niet waard. The juice is not worth the cabbage.
Schaamte	706	Schaamte duurt langer dan armoede. Shame lasts longer than poverty.
	707	Wie geen schaamte vreest zal ook geen eer bekomen. Who fears no shame comes to no honor.
	708	Ik wou dat hij zo diep in de grond zonk als een haas in tien jaar kan lopen. I wish that he would sink as deep in the ground as a hare can run in ten years.
Schaap	709	Het schaap loopt niet in de muil van een slapende wolf. No sheep runs into the mouth of a sleeping wolf.
	710	Hoe schurftiger het schaap hoe luider het blaat. The scabbier the sheep the harder it bleats.
	711	Als een één schaap over het hek is, volgt de rest. When one sheep is over the dam, the rest will follow. *If one sheep leaps over the ditch, all the rest will follow.*

	712	Terwijl het schaap blaat verliest het een mond-vol. While the sheep bleats it loses its mouthful.
	713	Als de herder verdwaald is, dolen de schapen. When the shepherd strays, the sheep stray. *Like priest, like people.*
	714	Met schapen is het kwaad wolven vangen. It is hard to catch wolves with sheep.
Scheel	715	Beter scheel dan blind. Better to be cross-eyed than blind.
	716	De schele is koning onder de blinden. In the land of the blind the cross-eyed man is king.
	717	Ongelijke delen maken schele broeders. Unequal parts make cross-eyed brothers.
Scheet	718	Hij maakt van een scheet een donderslag. He makes a thundercap out of a fart.
	719	Dat is zo zeker als een scheet in een netje. That is as safe as a fart in a net.
Scherf	720	Scherven brengen geluk. Fragments bring along happiness.
Schip	721	Naast het schip is het goed zwemmen. It is good swimming close to the ship.
	722	De oude schepen blijven aan land. Old ships stay ashore.
	723	De duurste schepen liggen langst aan wal. A dear ship stands long in the haven.
	724	Tussen de kaai en het schip gaat er veel ver-loren. You lose a lot between the dock and the ship.

Schoen	725	Werp geen oude schoenen weg vooraleer je er nieuwe hebt. Don't throw away your old shoes till you have got new ones.
	726	Om te dansen heb je meer nodig dan een paar dansschoenen. More belongs to dancing than a pair of dancing shoes.
	727	Niemand weet waar het schoentje bij de ander wringt. No one knows where another's shoe pinches. *Only the wearer knows where the shoe pinches.*
Schoonheid	728	Schoonheid is waardeloos als de eerlijkheid verloren is. Beauty is but dross if honesty be lost.
	729	Het schone is minder wat we zien dan wat we dromen. The beautiful is less what one sees than what one dreams.
Schoon- moeder	730	De moeder van de man is de duivel van de vrouw. The husband's mother is the wife's devil.
Schouder	731	Beproeft uw schouders eer gij draagt. Try out your shoulders before you carry it.
Schuim	732	Schuim is nog geen bier. Froth is not beer.
Schurk	733	Wie een schurk wil pakken moet op uitkijk staan achter de deur. He who would catch a rogue must watch behind the door.

734   De slechten vermijden het licht zoals de
       duivel het kruis.
       The wicked shun the light as the devil does
       the cross.

Schuur   735   Als een oude schuur begint te branden, is er
                     geen blussen aan.
                     When an old barn begins to burn, it's hard to
                     put out.

Serpent   736   De serpenten worden in slapende wateren
                     geteeld.
                     Snakes are bred in sleeping waters.

Slapen   737   Die slapen onder één deken, die leren ook uit
                     één mond spreken.
                     Those who sleep under one blanket, learn to
                     speak out of one mouth.

              738   Die slaapt in de zaaitijd vindt geen maaitijd.
                     He who sleeps during the sowing will find no
                     time for mowing.
                     As you sow, so you reap.

Smart   739   Gedeelde smart is halve smart.
                     A sorrow shared is a sorrow halved.
                     Grief is lessened when imparted to others.

Smid   740   De beste smid slaat wel eens op zijn duim.
                     Even the best smith sometimes hits his thumb.
                     *Often a full dexterous smith forges a very
                     weak link.*

Sneeuw   741   Wat verstopt is in de sneeuw komt vroeg of
                     laat aan het licht.
                     What lay hidden under the snow comes to
                     light at last.

Sparen   742   Sparen doet garen.
                     Economy is a great revenue.
                     Sparing is the first gaining.

743 Wie vandaag wat spaart heeft morgen iets.
He that spares something today will have
something tomorrow.

744 Verspilzucht is een slechte gewoonte, sparen
een vast inkomen.
Wasting is a bad habit, sparing a sure income.

Spek 745 Het spek is altijd het vetst in andermans pot.
Bacon is always the fattest in other people's
pots.

Spel 746 Verloren spelletjes moet je niet herhalen.
Don't replay a losing game.

747 Het is een kwaad spel waar de een lacht en de
ander schreit.
It is a bad game in which one laughs and another one cries.

748 Ongelukkig in het spel, gelukkig in de liefde.
Bad luck at play, lucky in love.

Spiegel 749 Zij die vaak in de spiegel kijken spinnen
zelden.
They who are often at the looking-glass
seldom spin.

Spijt 750 Doe nooit iets waar je achteraf spijt van zal
krijgen.
Take nothing in hand that may bring
repentance.

751 Spijt is een hinkende bode.
Repentance is a limping messenger.

Spijker 752 Er is geen spijker zo klein of men vindt er
nog wel een gaatje voor.
There is a little hole for the smallest of nails.

Spinnen 753 Het is goed spinnen met andermans garen.
It is good spinning from another's yarn.

Spreeuw	754	Eén spreeuw op het dak maakt de zomer niet. One starling on the roof does not make it summer. *One swallow does not make a summer.*
Spreken	755	Waar veel over gesproken wordt, zal uiteindelijk gebeuren. What is long spoken of happens at last.
Sprong	756	Beter is het teruggegaan dan een kwade sprong gedaan. It's better to go back than to make one bad jump forward.
Spuwen	757	Wie tegen de wind in spuwt, vervuilt zijn baard. Who spits against the wind, fouls his beard. *Who spits against the wind, it falls in his face.*
Stad	758	De mannen, niet de muren, maken de stad. Men, not walls, make a city.
Stap	759	Stap voor stap gaat het verst. Step by step one goes far.
Stelen	760	Als de kok en de hofmeester wegvallen horen we wie de boter gestolen heeft. When the cook and the steward fall out, we hear who stole the butter.
	761	Die mij vandaag steelt, zal mij morgen wel weer terugbrengen. He who steals me today, will surely bring me back tomorrow.
Sterk	762	Wie niet sterk is, moet slim zijn. If you are not strong, be smart.
Stilte	763	De stilte beantwoordt vele vragen. Silence answers much.

Stoel	764	Wie tussen twee stoelen gaat zitten, valt op de grond.

Stoel 764 Wie tussen twee stoelen gaat zitten, valt op de grond.
Whoever wants to sit on two chairs at the same time, will hit the ground.
Between two stools you fall on the ground.

Stro 765 Veel stro, weinig koren.
Much straw, little wheat.

Stront 766 Stront, vuur en zotten willen niet geraakt worden.
Shit, fire, and fools do not want to be touched.

767 Als men van stront droomt, zal men in het geld wroeten.
When you dream of shit, you will swim in money.

768 Het glimt als een hondenkeutel in de maneschijn.
It shines like dogshit in the moonlight.

Struik 769 De ene slaat op de struiken en de andere vangt de vogels.
One beats the bush, and another catches the birds.

Stuurman 770 De beste stuurmannen staan aan wal.
The best pilots are ashore.
The best horseman is always on his feet.

Succes 771 Doorzettingsvermogen kweekt succes.
Perseverance brings success.

T

Taal	772	Wie de taal spreekt is overal thuis. Who knows the language is at home everywhere.
Taart	773	Als je iemands taart eet, moet je ook zijn linzen eten. If you eat someone's cake, you must also eat his lentils.
	774	Waar de taart verbrandt is, strooit men het meeste suiker. One sprinkles the most sugar where the tart is burnt. *A rotten post is soon painted.*
Tanden	775	Niet ieder die zijn tanden toont, bijt. All do not bite that show their teeth.
Tante	776	Als mijn tante wielen had, was ze een busje. If my aunt had wheels, she might be an omnibus.
Tering	777	Zet uw tering naar uw nering. Set your expense according to your trade. *Cut your coat according to your cloth.*
Tijd	778	De tijd gaat snel, gebruik hem wel. Time flies, so use it well. *Time has wings.*
	779	Tegen de tand des tijds is niets bestand. Nothing can resist the ravages of time.

780 De tijd baart rozen.
Time brings roses.
Time works wonders.

781 De tijd en de plaats maken de dief.
Time and place make the thief.

782 De tijd verwoest alles.
Time destroys all things.

783 Tijd gewonnen, veel gewonnen.
Time gained, much gained.

784 De tijd gaat, de dood komt.
Time goes, death comes.

785 De tijd is van God en van ons.
Time is God's and ours.

786 Verloren tijd komt nooit weerom.
Time past never returns.
Time lost cannot be recalled.

787 De tijd is als een stroom eerst vallen de bladeren, dan de boom.
Our time runs on like a stream; first fall the leaves and then the tree.

Timmerman 788 Hoe slechter de timmerman, hoe slechter zijn gereedschap.
The worse the carpenter, the more the chips.

Touw 789 Aan een zwak touw moet je voorzichtig trekken.
Pull gently at a weak rope.

Treuzelen 790 Blijf een wijle en verlies een mijle.
Stay a while, and lose a mile.

Trouw 791 Wees trouw, maar vertrouw niemand.
Be faithful, but trust no one.
Trust me, but look to thyself.

Trouwen   792   Eenmaal trouwen is een plicht; tweemaal een
                    gekkernij, een derde keer is het waanzin.
                    To marry once is a duty; twice a folly, and
                    three times—madness.

              793   Trouw vlug en heb langzaam spijt.
                    Marry in haste, and repent at leisure.
                    Early wed, early dead.

              794   Je kan er niet genoeg over nadenken wanneer
                    je trouwen gaat of pillen moet nemen.
                    One should not think about it too much when
                    marrying or taking pills.

              795   Met een mooie vrijen, met een rijke trouwen.
                    Make love to a pretty one, marry a rich one.

U

Uil   796   Iedereen denkt dat zijn uil een valk is.
                    Every man thinks his own owl a falcon.
                    The owl thinks his own young fairest.

Uitstellen   797   Uitgesteld is niet vergeten.
                    Postponed is not forgotten.

V

Vaardigheid 798   Vaardigheid en zekerheid vormen een
onoverwinnelijke combinatie.
Skill and assurance are an invincible
combination.

Vader   799   De vader spaart en de zoon verteert.
The father saves and the son spends.
A miserly father makes a prodigal son.

Vaderland 800   De rook van het vaderland is aangenamer dan
een vreemd vuur.
The smoke of the native country is much
more agreable than a foreign fire.

Vallen   801   Vallen is geen schande, maar lang blijven
liggen en niet opstaan, dat is schande.
It is not a disgrace to fall down, but it is to
be down and not get up.

Varken   802   Als de buik van het varken vol is, gooit hij
de trog omver.
When the pig has had a bellyful, it upsets the
trough.

          803   Als je één varken aan de staart trekt, krijsen
ze allemaal.
If you pull one pig by the tail all the rest
squeak.

804 Van een varkensoor kan je geen zijden beurs maken.
There's no making a silk purse of a sow's ear.

805 Eén varkenshaar maakt geen kleerborstel, en één pluim geen bed.
One pig's hair does not make a clothes brush and one feather does not make a bed.

806 Die het zwijn uit de modder haalt, krijgt drek voor dank.
He who gets the pig out of the mud, is rewarded with shit.

807 Een vet varken weet niet dat een mager honger heeft.
A fat pig does not realise that a lean one is hungry.
Little knows the fat man what the lean man thinks.

808 Wie zwijnen wil strelen en met kinderen mallen, die doet ze beide in de modder vallen.
He who wants to stroke pigs and play with children, will make them both fall into the mud.

809 Als iedereen zegt dat je een varken bent, dan moet je in het kot.
If everybody says you are a pig, then live in a sty.

810 Als de eksters op de varkens vliegen, dan is het om the luizen te doen.
When the magpies settle upon the pigs' back, then they are after the lice.

811 De vuilste varkens willen het beste stro.
The dirtiest pigs want the best straw.
Need makes greed.

Vasten	812	Je spaart geen brood door lang te vasten. Long fasting is no bread sparing.
	813	Wie al vastend naar bed gaat zal slechts licht slapen. Who goes fasting to bed will sleep but lightly.
Verbetering	814	Verbetering levert vruchten af. Correction brings fruit.
Verdrag	815	Een mager verdrag is beter dan een vet vonnis. A lean compromise is better than a fat lawsuit.
Verdwalen	816	Beter ten halve gekeerd dan ten hele verdwaald. Better return halfway than lose yourself.
Verkeerd	817	Wat vandaag verkeerd is zal morgen niet juist zijn. What is wrong today won't be right tomorrow.
Verkwister	818	Een verkwister is een vuurpijl die opeens uitgaat. A squanderer is a rocket that suddenly goes out.
Verlangen	819	Het hart verlangt nooit naar wat het oog niet ziet. What the eye sees not, the heart craves not.
Verliefd	820	Een verliefd hart is dorstig. A heart in love is a thirsty one.
Verlies	821	Zo gewonnen, zo geronnen. So got, so gone.
Vijand	822	Als de vijand zich terugtrekt moet je een gouden brug bouwen. Build a golden bridge for the fleeing enemy.
Vis(sen)	823	Vissen en jagen maken hongerige magen. Fishing and hunting make hungry stomachs.

824	Als de vis goedkoop is, stinkt hy. Cheap fish stinks.
825	Men vangt geen snoeken met droge broeken. One does not catch pike with dry pants.
826	Grote vissen springen uit de pot. Big fish spring out of the kettle.
827	De grote vissen eten de kleine. Big fish eat little fish.
828	Grote vissen breken de netten. Great fish break the net.
829	Kleine visjes smaken zoet. Little fish are sweet.
830	In troebel water is het goed vissen. It is good fishing in troubled waters.
831	'Waar er mensen zijn zijn er kopers,' zei de visboer en hij ging de kerk binnen met een kruiwagen vol mosselen. "Where there are people there are customers," said the fish farmer and went into the church with his wheelbarrow full of mussels.

Vlees 832 Tussen de benen zit het lekkerste vlees.
The sweetest meat is between the legs.

833 Het beste vlees is der wormen spijs.
The best meat is the food of the worms.

Vlek 834 Eén vlekje vervuilt het hele kleed.
One spot stains the whole dress.

Vlieg 835 Hij is zo tevreden als een vlieg op een stront.
He is as happy as a fly on a turd.

836 Hij is zo vlug als een vlieg in de winter.
He is as quick as a fly in the winter.

837 Je vangt meer vliegen met een lepel stroop
     dan met een fust azijn.
     More flies are caught with a spoonful of
     syrup than with a cask of vinegar.

838 De vlieg fladdert omheen de kandelaar tot ze
     uiteindelijk vuur vat.
     The fly flutters about the candle till at last it
     gets burnt.

Vloed   839 Na hoge vloed komt lage eb.
                 After high floods come low ebbs.

            840 Iedere vloed heeft zijn eb.
                 Every flood has its ebb.

Voeder   841 Het beste voeder is het oog van de meester.
                 The best fodder is the master's eye.

Voedsel   842 Beter een gebarsten buik dan voedsel
                 verspillen.
                 Better belly burst than good victuals spoil.

Vogel   843 Beter één vogel in de hand dan tien in de
                 lucht.
                 Better a bird in the hand than ten in the air.
                 A bird in the hand is worth two in the bush.
                 One quill is better in the hand, than seven
                 geese upon the strand.

            844 Geen vogel vliegt zo hoog dat hij niet naar
                 beneden moet komen voor voedsel.
                 A bird never flew so high but it had to come
                 to the ground for food.

            845 Langzaam maar zeker bouwt de vogel zijn
                 nest.
                 By slow degrees the bird builds his nest.

            846 Ieder vogeltje zingt zoals het gebekt is.
                 Every bird sings as it is beaked.

            847 Katten vangen nooit oude vogels.
                 Old birds are not caught with cats.

848   Niet ieder schot levert een vogel op.
        Every shot does not bring down a bird.

849   Iedere vogel prijst zijn nest.
        Every bird likes its own nest best.
        Every bird loves to hear herself sing.

850   Wat de vogelen toebehoort, past niet voor de
        vissen.
        What belongs to the birds is no good for the
        fish.

Volmaaktheid 851   Die de volmaaktheid wil, moet de wereld uit.
                   He who strives for perfection, must leave of
                   this world.

Voorbeeld   852   Voorbeelden zijn goede leermeesters.
                   Examples are good teachers.

Voorbereid- 853   Voorbereiden is het halve werk.
ing   Preparation is half the job.

Voorspoed   854   Denk in voorspoed aan tegenspoed.
                   In prosperity think of adversity.

             855   Als voorspoed glimlacht, pas dan op voor zijn
                   slinkse streken.
                   When prosperity smiles, beware of its guiles.

Voorzichtig 856   Al te voorzichtig valt in de drek.
(heid)   "Too careful" falls into the shit.

             857   Voorzichtigheid is de moeder van fijne bier-
                   glazen.
                   Caution is the parent of delicate beer glasses.

             858   Voorzichtig in voorspoed, geduldig in tegen-
                   spoed.
                   In prosperity caution, in adversity patience.

Vos   859   Een oude vos is kwalijk te bedriegen.
                   Old foxes are hard to deceive.

	860	Het is moeilijk ouwe vossen vangen. Old foxes are hard to catch. *Old foxes want no tutors.*
	861	De vos verliest wel zijn haren, maar niet zijn streken. The fox may lose his hair, but not his cunning.
	862	Elk een goedendag, mannen, zei de vos, en hij stak zijn neus in het kiekenkot. A very good day to you all, folks, said the fox and he put his nose through the chicken wire.
Vraag	863	Haastige vragen vereisen trage antwoorden. Hasty questions require slow answers. *More haste, less speed.*
Vrede	864	Beter vrede behouden dan vrede stichten. Better keep peace than make peace.
	865	Vrede gedijt, oorlog verslijt. Peace prospers, war wastes away.
	866	Vrede in het huishouden is de beste geldkoffer. Peace in the household is the best money box.
	867	Vrede duurt maar zo lang het je buurman behaagt. No one can have peace longer than his neighbor pleases.
Vreemde	868	Vreemde lieden doen dikwijls meer dan de naaste bloedverwanten. Strangers do often more than kinsmen.
Vrek	869	De vrek gaat met zijn gat op de geldkist zitten. The miser sits with his behind on the strongbox.
Vriend (schap)	870	Beter dood dan zonder vriend. Better off dead than without a friend.

871 Een goede vriend is beter dan zilver en goud.
A good friend is better than silver and gold.

872 Eén vijand is te veel, honderd vrienden niet genoeg.
One enemy is too much, a hundred friends isn't.

873 Als de ene vriend de andere wast zijn ze allebei schoon.
When one friend washes another both become clean.

874 Een mep van je vriend is beter dan een kus van je vijand.
A slap from your friend is better than your enemy's kiss.

875 Een vriend achter de rug is een veilige brug.
A friend at one's back is a safe bridge.

876 Een vriend is beter dan geld in de beurs.
A friend is better than money in the purse.

877 Het zijn niet allemaal vrienden die naar je glimlachen.
All are not friends who smile on you.

878 Vooraleer je iemand een vriend noemt, moet je een pak zout met hem opeten.
Before you make a friend, eat a pack of salt with him.

879 Je vrienden ken je in de nood.
Friends are known in time of need.
A friend in need is a friend indeed.

880 Je vriend leent je en je vijand vraagt om betaling.
Your friend lends and your enemy asks payment.
Lend your money and lose your friend.

881 Bij het verdelen van een erfenis, staat de vriendschap stil.
In the division of inheritance, friendship stands still.

882 Zeg mij wie je vrienden zijn, en ik zal je zeggen wie je bent.
Tell me who your friends are and I will tell you who you are.
A man is known by the company he keeps.

Vrijster 883 Hete vrijsters voelen geen kou.
Hot lovers don't feel the cold.

Vroeg 884 Vroeg d'r in, vroeg d'r uit, Werk als een hond en ga vooruit.
Early to bed, early to rise, Work like a dog and advertise.

Vroom 885 Hij is zo vroom als gemalen peperkoek.
He is as pious as ground gingerbread.

Vrouw 886 Vrouwentranen zijn niet goedkoop.
Women's tears are not cheap.

887 Vrouwen hebben lange kleren en korte moed.
Women have long dresses and a shortage of courage.

888 De tongen der vrouwen zijn langer dan haar rokken.
Women's tongues are longer than their skirts.

889 Een vrouwenhand vindt nimmer rust.
A woman's hand never rests.

890 Ieder kust zijn vrouw op zijn manier.
Every man kisses his wife in his own way.

891 Er is maar één kwaad wijf en elk meent dat hij het heeft.
There is only one bad wife and every man thinks he has her.

892 Ik zal mijn vrouw veel te hulp komen, zei Gerrit, en hij likte de schotel uit.
"I'll help my wife a lot," said Gerrit, and he licked his plate clean.

893 Die goede dagen moe is, neme een wijf.
He who is tired of the good times, must take a wife.

894 Voor wie een slechte vrouw heeft, begint de hel op aarde.
Who has a bad wife, his hell begins on earth.

895 Een jonge vrouw, vers brood en groen hout verwoesten het huis.
A young wife, new bread, and green wood devastate a house.

896 Berisp noch flatteer je vrouw als een ander het horen of zien kan.
Neither reprove nor flatter your wife where any one hears or sees it.

897 De vrouwen zijn goede Lutheranen—ze houden liever een preek dan dat ze naar de mis gaan.
All women are good Lutherans: They would rather preach than hear mass.

898 Het is geen kinderspel, wanneer een oud wijf danst.
It is not child's play when an old woman dances.

899 Een zuinige vrouw is de beste spaarpot.
A frugal wife is the best money box.
He that will thrive must ask leave of his wife.

Vrucht 900 Verboden vruchten smaken het zoetst.
Forbidden fruit is sweetest.

901 De vrucht valt nooit ver van de stam.
The fruit falls not far from the stem.

Vuur   902   Goede vuren maken snelle koks.
                   A good fire makes a quick cook.

           903   Wie vuur wil moet rook verdragen.
                  He that will have fire must bear with smoke.

           904   Het is goed jezelf te warmen aan andermans
                  vuur.
                  It is good to warm oneself by another's fire.

           905   Vlug vuur, vlug asse.
                  Soon fire, soon ashes.

           906   Wat verloren werd in het vuur moet gezocht
                  worden in de asse.
                  What is lost in the fire must be sought in the
                  ashes.

           907   Laat hem die vuur wil ernaar zoeken in de
                  asse.
                  Who wants fire, let him look for it in the
                  ashes.

           908   Wat je niet heet maakt, maakt je ook niet
                  kouder.
                  That which burns you not, cool not.

           909   Eén houtje in het vuur is niet genoeg: het wil
                  gezelschap.
                  One piece of wood in the fire is not enough:
                  it needs company.

           910   Vuur en water zijn goede dienaars, maar
                  kwade heren en meesters.
                  Fire and water are good servants, but bad mas-
                  ters.

W

Waarheid	911	Vroeg of laat komt de waarheid aan het licht.

Waarheid 911 Vroeg of laat komt de waarheid aan het licht.
Sooner or later the truth comes to light.

912 Door teveel de discussiëren verdwaalt de waarheid.
Truth is lost with too much debating.

913 De waarheid vindt zelden onderdak.
Truth seldom finds a lodging.
Truth is a specter that scares many.

Wagen 914 Krakende wagens lopen het langst.
Creaking carts last the longest.
A creaking gate hangs longest.

915 Als de wagen in de sloot is, loopt elk erover.
When the cart is in the brook, everybody runs over it.

916 Die zijn wagen smeert, helpt zijn paarden.
He who greases his cart, helps his horses.

Wapen 917 Wapens, vrouwen en boeken behoeven dagelijkse behandeling.
Arms, women, and books should be looked at daily.

918 Wie met gouden wapens vecht is er zeker van zijn gelijk te halen.
They who fight with golden weapons are pretty sure to prove they are right.

Water	919	Tussen twee kwade waters is het kwaad zwemmen.

Water 919 Tussen twee kwade waters is het kwaad zwemmen.
It is hard to swim between two stretches of bad water.

Weduwe 920 Het weduwenkleed is lang en iedereen trapt erop.
A widow's dress is long and everybody steps on it.

Weelde 921 Grote weelde, veel zorgen.
Great wealth, great care.

922 Als de weelde op een verstandelijke manier zou worden verdeeld, zouden morgen heel wat rijken arm zijn.
If wealth were divided today according to reason, a lot of rich people would be poor tomorrow.

Weg 923 Die een goede weg bewandelt, zoeke geen andere.
If you are walking down the right road, you have no need to look for another.

Wei 924 In een anders wei zijn de veste beesten.
The fattest animals are always in someone else's pasture.
Our neighbor's ground yields better corn than ours.

925 Vroeg in de wei, vroeg vet.
Early in the pasture, will soon fatten.

Wereld 926 De wereld is een kooi vol zotten.
The world is a cage full of fools.

927 De wereld wil bedrogen worden.
The world likes to be cheated.

928 Wie een nieuwe wereld wil, moet eerst de
oude kopen.
He who wants a new world must first buy the
old.

929 De wereld is een pijp kaneel: elk zuigt eraan,
maar krijgt niet veel.
The world is a stick of cinnamon: everybody
sucks on it, but will not get much from it.

Werken 930 Werken is ook leven.
To work is also to live.

931 Goed gerief is de helft van het werk.
Good tools make half the work.
What is a workman without his tools?

932 Werken is zalig, zeiden de begijntjes, en ze
waren met zeven om een ei te klutsen.
To work is divine, said the beguines, and
seven of them whisked an egg together.

933 Door hard werken krijg je vuur uit een steen.
By labor fire is got out of a stone.

Werkman 934 Een werkman ken je door zijn werk.
A workman is known by his work.

935 De werkman is zijn prijs waard.
The workman is worthy of his hire.

Wieden 936 Iedereen heeft voldoende werk met in zijn
eigen tuintje te wieden.
Everyone has enough to do in weeding his
own garden.
*If every man would sweep before his own
door, the city would soon be clean.*

Wiel 937 Hoe slechter het wiel, hoe meer het piept.
The worse the wheel, the more it creaks.
The worst wheel of the cart creaks most.

938 Als men de wielen smeert, dan rolt de wagen.
To make the cart go, you must grease the wheels.

Wijn 939 Koude wijn maakt warm bloed.
Cold wine makes hot blood.

940 Goede wijn prijst zichzelf.
Good wine praises itself.

941 Als de wijn is in de man, is de wijsheid in de kan.
When the wine is in the man, the wit is in the can.

942 Wijn op melk deugt voor elk, maar melk op wijn is venijn.
Wine after milk is good for everybody, but milk after wine is poison.

943 Uit een olievat zal men geen wijn tappen.
We cannot tap wine out of an oil barrel.
If the staff be crooked, the shadow cannot be straight.

944 Ik heb geen smaak aan de wijn, zei Flip, en de fles was leeg.
"I don't like the taste of wine," said Flip, and the bottle was empty.

945 De een tapt het wijntje en de ander drinkt het.
One taps the wine and another drinks it.

946 Een gastmaal zonder wijn is een toverlantaarn zonder kaars.
A dinner party without wine is a magic lantern without a candle.

Wijs(heid) 947 Wie alles vooraf zou weten zou erg wijs zijn.
He would be wise who knew all things beforehand.

948   Wijsheid bij de man, geduld bij de vrouw,
       brengt vrede in huis en een gelukkig leven.
       Wisdom in the man, patience in the wife,
       brings peace to the house and a happy life.

949   Veel wijsheid verstikt in het hoofd van de
       arme man.
       Much wisdom is smothered in a poor man's
       head.

950   Hij is zo verstandig dat hij drie dagen vóór
       het vriest op het ijs gaat.
       He is so wise that he goes upon the ice three
       days before it freezes.

951   't Zijn al geen wijzen die uit het Oosten
       komen.
       Not all are wise that come from the East.

Wind   952   Grote wind, kleine regen.
       Great winds, small rains.
       Much bran and little meal.

953   Wind in de nacht, water in de gracht.
       Wind in the night, water in the brook.

Winst   954   Kleine winsten brengen grote weelde.
       Small gains bring great wealth.

Woede   955   Woede is korte gekte.
       Anger is a short madness.

Wol   956   Menigeen gaat om wol, en komt geschoren
       thuis.
       Many go looking for wool and come home
       shaven.

Wolf   957   Een ouwe wolf is gewoon dat men naar hem
       roept.
       An old wolf is used to being shouted at.

958   Als je van de wolf spreekt zie je zijn staart.
       Talk of the wolf and his tail appears.

959 De wolf hunkert naar schapen tot zijn laatste adem.
A wolf hankers after sheep even at his last gasp.

960 Wie met de wolven leeft, moet samen met hen huilen.
He that lives with wolves must howl with them.

961 De wolven verscheuren mekaar niet, of het moest een kwade winter zijn.
Wolves do not maul each other, unless it is a hard winter.

962 Een hongerige wolf bijt scherp.
A hungry wolf has sharp teeth.
A hungry man is an angry man.

Wolk 963 Niet alle wolken bevatten regen.
All clouds do not rain.

Woord 964 Het woord van één is het woord van geen.
The word of one is the word of none.

965 Een goede verstaander heeft slechts een half woord nodig.
Half a word to the wise is enough.

966 Mooie woorden vullen de maag niet.
Fine words don't fill the belly.
Saying is one thing and doing another.

Wraak 967 Wraak is honing in de mond, maar vergif in het hart.
Revenge is honey in the mouth, but poison in the heart.

Wrak 968 Een wrak op het strand is een baken op zee.
A wreck on shore is a beacon at sea.

Z

Zaad	969	Het zaad van de dag wordt best het eerste uur geplant. The seeds of the day are best planted in the first hour.
Zak	970	Een ledige zak kan niet rechtop staan. An empty sack cannot stand upright.
Zaken	971	De zaken gaan voor het meisje. Business before girls. *Business before pleasure.*
	972	Niemand is verstandig in zijn eigen zaken. No one is wise in his own affairs.
Zee	973	Prijs de zee, maar blijf aan wal. Praise the sea, but keep on land. *He is wise that is ware in time.*
	974	Dat het zeewater zo zout is, komt van de pekelharingen die erin zwemmen, zei de oude vrouw. "Seawater is so salty because of the pickle herrings that swim in it," said the old woman.
	975	Daar verdrinken er meer in het glas dan in de zee. More people drown in a glass than in the sea. *Bacchus has drowned more men than Neptune.*

	976	Onder de zee liggen geen balken. There are no beams under the sea.
Zeggen	977	Hoe minder er gezegd wordt, hoe sneller het verbetert. The less said the sooner mended.
	978	Veel zeggen, weinig werken. Much talk, little work.
Zeilen	979	Het is moeilijk zeilen tegen wind en stroming in. It is ill sailing against wind and tide.
	980	Met de wind en de stroming mee is het goed varen. It's good steering with wind and tide.
	981	Het is veilig zeilen in de buurt van de kust. It is the safest sailing within reach of the shore.
Zeven	982	Zeven is een galg vol. Seven make the gallows full.
Ziek(te)	983	Het is te ongezond om ziek te zijn. It is unhealthy to be ill.
	984	Ziektes komen te paard en vertrekken te voet. Sickness comes on horseback and departs on foot.
Zien	985	Twee zien altijd meer dan één alleen. Two will see more than one.
Ziften	986	Wie teveel zift houdt afval over. Who sieves too much keeps the rubbish.
Zilver	987	Een zilveren hamer verbreekt ijzeren deuren. A silver hammer breaks through iron doors. *A silver key can open an iron lock.*
Zoet	988	Geen zoet zonder zuur. No sweet without sour.

Zomer	989	Geen zomer zonder buien No summer without showers.
Zondaar	990	De grootste zondaar kan heilig worden. Even the biggest sinner can become a saint.
Zonde	991	De ene zonde trekt de andere. One sin attracts the other.
	992	De zonde is zoet in het volbrengen, maar zuur in het einde. A sin is sweet to commit, but it leaves bitterness at the end.
Zorgen	993	Als ik naar bed ga, laat ik de zorgen in de kleren. When I go to bed, I leave my troubles in my clothes.
Zout	994	Zout en brood maken de wangen rood. Salt and bread turn the cheek red.
	995	Toen men met zout kwam, waren de eieren al op. When they finally came with the salt, all the eggs were eaten.
Zuur	996	Na zuur komt zoet. After the sour comes the sweet.
Zwanger	997	Die zwanger van lucht is, wat kan hij anders baren dan wind? Whoever is pregnant with air, can only give birth to wind.
Zwart	998	Een zakkendrager die in kolen werkt, moet de schoorsteenveger zijn zwartheid niet verwijten. The coal man should never call the chimney sweep black. *The pot called the kettle black.*
Zweet	999	Lui zweet is gauw gereed. The lazy man soon sweats.

Zwijgen   1000   Zwijgen kan niet verbeterd worden.
                     Silence cannot be improved.
                     A wise head makes a closed mouth.

BIBLIOGRAPHY

Anonymous, *National Proverbs: Holland*, London, Palmer 1915

van Acker, Achille *De duivel in spreekwoord en gezegde*, Heule, Uga, 1976

Cox, H.L. *Spreekwoordenboek in vier talen*, Utrecht/Antwerpen, Van Dale Lexicografie, 1989

Darbo, Peter *Dutch Proverbs*, Rijswijk, Elmar 1998

de Ley, Gerd *International Dictionary of Proverbs*, New York, Hippocrene Books, 1997

de Ley, Gerd *Klassiek Citatenboek*, Antwerpen, Standaard Uitgeverij, 1992

Engelman, Jan *Adam zelf*, Amsterdam, Bigot en Van Rossum

Mesters, G.A. *Spreekwoordenboek*, Utrecht/Antwerpen, Het Spectrum 1955

Obenhuijsen, Iet *Spiegeltje*, Amsterdam/Antwerpen, Contact, 1938

Ridout, Ronald and Clifford Witting *English Proverbs Explained*, Heinemann Educational Books Ltd., 1967

ter Laan, K. *Andermans Wijsheid*, Amsterdam, A.J.G. Strengholt, 1961

English Key Word Index

Index entries are arranged by *key word*, by which is meant the sequentially first noun most closely associated with the meaning of the proverb and/or having greater linguistic range or frequency. For proverbs without nouns, key words are verbs, adjectives or adverbs used on the basis of the same criteria. All numbers refer to the numbered Dutch proverb entries.

Also in our Proverbs Collection...

New!

INTERNATIONAL DICTIONARY OF PROVERBS
Gerd de Ley

This comprehensive dictionary is a dynamic collection of 10,000 proverbs gathered from over 300 countries and regions. There is nothing in print today which resembles this reference dictionary's global scope and complete subject coverage. The proverbs are arranged alphabetically by country and an index listing 2,100 key words is also provided.

Gerd de Ley is an internationally known author of reference books. He resides in Antwerp, Belgium.

400 pages • 5 ½ x 8 ½ • 0-7818-0531-7 • $19.95pb • (656)
400 pages • 5 ½ x 8 ½ • 0-7818-0620-8 • $29.50hc • (706)

Plus...

DICTIONARY OF PROVERBS AND THEIR ORIGINS
by Linda and Roger Flavell
350 pp • 5 x 8 • 0-7818-0591-0 • $14.95pb • (701)

TREASURY OF LOVE PROVERBS FROM MANY LANDS
146 pp • 6 x 9 • illus. • 0-7818-0563-5 • W • $17.50hc • (698)

COMPREHENSIVE BILINGUAL DICTIONARY OF FRENCH PROVERBS
400 pp • 5 x 8 • 6,000 entries • 0-7818-0594-5 • $24.95pb • (700)

DICTIONARY OF 1,000 FRENCH PROVERBS
131 pp • 5 x 7 • 0-7818-0400-0 • W • $11.95pb • (146)

DICTIONARY OF 1,000 GERMAN PROVERBS
131 pp • 5 ½ x 8 ½ • 0-7818-0471-X • W • $11.95pb • (540)

DICTIONARY OF 1,000 ITALIAN PROVERBS
131 pp • 5 ½ x 8 ½ • 0-7818-0458-2 • W • $11.95pb • (370)

DICTIONARY OF 1,000 JEWISH PROVERBS
David C. Gross

Jewish proverbs, ancient and contemporary, encompass a wide range of subjects, reflecting lives that were often impoverished materially but rich spiritually. These old and new proverbs became part of the Jewish people's heritage and were not only passed on through the generations, but also expanded upon continually.

The one thousand proverbs offered here are arranged by Hebrew subject, followed by a transliteration into English from either Hebrew, Yiddish, or Aramaic followed then by an English translation. For easy reference, a complete English index of the subjects appears at the back of the book.

131 pp • 5 ½ x 8 ½ • 0-7818-0529-5 • W • $11.95pb • (628)

DICTIONARY OF 1,000 POLISH PROVERBS
131 pp • 5 ½ x 8 ½ • 0-7818-0482-5 • W • $11.95pb • (628)

A TREASURY OF POLISH APHORISMS, A Bilingual Edition
Compiled and translated by Jacek Galazka

Twenty years ago *Unkempt Thoughts*, a collection of Polish aphorisms by Stanislaw Jerzy Lec was published in English and became an instant success. Clifton Fadiman called Lec: "one of the remarkable wits of our dark time, eminently attuned to it." A selection of his aphorisms opens this collection, which comprises 225 aphorisms by eighty Polish writers, many of them well known in their native land. A selection of thirty Polish proverbs is included representing some uniquely Polish expressions of universal wisdom. These were translated by Helen Stankiewicz Zand, a noted translator of Polish fiction. Twenty pen and ink drawings by a talented Polish illustrator Barbara Swidzinska complete this remarkable exploration of true Polish wit and wisdom.

140 pp • 5 ½ x 8 ½ • 20 illustrations • 0-7818-0549-X • W • $12.95 • (647)

COMPREHENSIVE BILINGUAL DICTIONARY OF RUSSIAN PROVERBS
edited by Peter Mertvago

477 pp • 8 ½ x 11 • 5,335 entries, index • 0-7818-0424-8 • $35.00pb • (555)

DICTIONARY OF 1,000 RUSSIAN PROVERBS
130 pp 5 ½ x 8 ½ 0-7818-0564-3 W $11.95pb (694)

DICTIONARY OF 1,000 SPANISH PROVERBS
131 pp • 5 ½ x 8 ½ • bilingual • 0-7818-0412-4 • W • $11.95pb • (254)

A CLASSIFIED COLLECTION OF TAMIL PROVERBS
edited by Rev. Herman Jensen

499 pp • 3,644 entries • 0-7818-0592-9 • 19.95pb • (699)

From Our Dutch Language Series...

Dutch-English/ English-Dutch Concise Dictionary
418 pages • 4x 6 • 14,000 entries • 0-87052-910-2 • $11.95pb • (361)

Dutch Handy Dictionary
120 pages • 5 x 7 ¾ • 0-87052-049-0 • $8.95pb • (323)

Dutch-English/ English-Dutch Standard Dictionary
578 pages • 5 ½ x 8 • 35,000 entries • 0-7818-0541-4 • $16.95pb • (629)